거인으로 일하고 난쟁이로 지불받다

보리스 쿠스토디예프, 〈볼셰비키〉, 1920.
노동자들은 '함께' 일했지만 이 '함께'는 자본가의 차지다.
거인이 된 것은 노동자들이지만
거인을 만들어낸 건 자본가라는 것이다.
이번에 마르크스가 추적하는 것은 바로 이 '거인 노동자'의 정체다.

매뉴팩처 시대에는 국가를 거인처럼 묘사하는 경우가 많았습니다. 홉스가 대표적인 예인데요. 그는 국가란 인간들을 보호하기 위해 만들어진, 인간들보다 크고 힘이 센 '인조인간'이라고 했습니다. 물론 이 인조인간의 재료는 인간입니다.[1] 인간들로 만들어진 인간인 겁니다. 이 점에서는 루소도 다르지않았습니다. 그에 따르면 국가란 개인들의 연합으로 생겨난 '공적 인격'(personne publique)입니다.[2] 그는 이 새로 생겨난인격의 수동적 이름이 '국가'(etat)이고 능동적 이름이 '주권자'(souverain)라고 했습니다. 즉 주권자란 이 거인을 지칭하는 말입니다.

근대 정치학에는 이처럼 두 종류의 인간이 있습니다. 두 종류의 인민(국민)이라고 불러도 좋겠습니다. 하나는 집합적 통일체로서 인간(인조인간, 공적 인격)이고 다른 하나는 그 구성원인 개별 인간들입니다. 인민주권(국민주권) 개념에 입각해 말하자면 전자는 전체로서 주권자인 인민(국민)이고 후자는 주권자의 지배와 보호를 받는 개별 인민들(국민들)이라 할 수 있습니다. 이 두 종류의 인간, 두 종류의 인민은 동시에 만들어집니다.[3] 인구집단의 '전체화'와 '개별화'가 동시에 일어난 거죠. 한편으로는 전통적 공동체(가문, 마을, 서약단체 등)를 깨뜨려 개인들을 만들고(개별화), 다른 한편으로는 이 개인들을 묶어 국민을 만듭니다(전체화).

이 두 종류의 인간은 너무 다릅니다. 집합적 통일체로서 인간 즉 주권자는 역사상 가장 강력한 힘을 가진 존재입니다. 근대 이전의 어떤 왕도 이만큼의 힘을 가질 수 없었습니다(주권자를 대행한다고 간주되는 군주나 정부는 이 힘을 휘두릅니다). 반면 공동체를 상실하고 개인으로 내던져진 인간은 참으로 나약한 존재입니다. 군주나 정부의 돌봄이 없다면 도저히 살아갈 수가 없지요. 이것이 근대적 인간, 근대적 인민의 두 가지 형상입니다. 비유컨대 한쪽은 거인이고 다른 쪽은 난쟁이입니다.

그런데 이 두 형상은 매뉴팩처의 작업장에서도 나타납니다. 자본가에게 고용될 때 노동자들은 개인입니다. 서로에 대해 타인이지요. 하지만 작업이 시작되면 이들은 하나의 결합된 노동력을 이룹니다. '전체노동자'라는 거인으로 변하지요. 개별 노동자들은 이 거인 노동자의 특수한 기관이 됩니다. 거인 노동자의 수백 개의 손발 중 하나가 되어 내리치는 일만 하거나 자르는 일만 하거나 나르는 일만 합니다. 한 가지 작업에 특화된 '부분노동자', '부분인간'이 되는 겁니다. 이 작업장에서 온전한 인격체는 거인 노동자뿐입니다. 그는 개별 노동자의 힘을 더한 것보다 더 큰 힘을 지녔고 작업속도도 빠릅니다. 당연히 수백 배나 많은 물건들을 만들어내지요.

그러나 임금을 지급받아야 하는 때가 되면 거인 노동자는 어디론가 사라지고 없습니다. 자본가 앞에 서 있는 것은 다시 왜소한 개인 노동자뿐입니다. 일은 '함께' 했는데 '함께'는 사라지고 개인만 남습니다. 자본가는 개인 노동력의 가치에 대해서만 지불하고 결합된 노동력의 가치에 대해서는 지불하지 않습니다.

그렇다면 거인 노동자의 임금은 어디로 갔을까요. 노동자들에게 성과급 형태로 일부 지급되기도 합니다만 대개는 자본가의 몫으로 갑니다. 특히 경영진에게 가지요. 노동자들을 잘 지휘해 생산력을 높였다고요. 자본가의 지휘가 거인 노동자의 출현에 도움이 되었다고는 해도 결국 거인으로서 생산력을 발휘한 것은 노동자들인데 말입니다. 노동자들은 '함께' 일했지만 이 '함께'는 자본가의 차지입니다. 공동의 성과를 사적 소유물로 만드는 거죠. 거인이 된 것은 노동자들이지만 거인을 만들어낸 건 자본가라고 하니까요. 이번에 마르크스가 추적하는 것은 바로 이 '거인 노동자'의 정체입니다.

다시 홉스 이야기로 돌아가자면, 그는 어쩌면 매뉴팩처 작업장의 거인 노동자를 보고 국가를 떠올렸는지도 모르겠습니다. 실제로 홉스는 세상을 매뉴팩처 작업장처럼 생각했습니다. 신을 기술자(기능공, Artificer)라고 불렀고 자연을 그의 제품(art)이라고 했습니다. 인간은 이런 신을 모방하는 기능공입니다. 신을 모방해서 인간도 생명체를 만들 수 있습니다. 그는 "시계에서처럼 스프링과 톱니바퀴로 움직이는 자동기계(automata)"를 생명체로 부르지 못할 이유가 없다고 했습니다. 태엽을 심장으로 삼을 수 있고, 여러 가닥의 줄을 신경으로, 관절을 톱니바퀴로 만들어 전체 신체를 움직이게 할 수 있습니다. 이렇게 만들 수 있는 인조동물 중 최고가 '인조인간'입니다. 홉스는 이 '인조인간'을 '국가'라고 불렀습니다.[4]

그런데 '인조인간'은 눈으로 보거나 손으로 만질 수 있는 사물이 아닙니다. 인간들로 이루어진 '집합체'이니까요. 홉스는 인조인간이 탄생했음을 어떻게 확인할 수 있었을까요. 그는 만인이 자신의 목소리와 행동을 한 사람(혹은 한 집단)의 목소리와 행동에 일치시킬 때 국가가 탄생한다고 했습니다. 엄밀히 하자면, 국가의 출현을 그런 식으로 확인할 수 있다는 거죠. "만인이 자신들의 의사를 그[군주]의 의사에 복종시키고, 자신들의 판단을 그의 판단에 복종시키는 것이다."[5] 군주는 만인이 하나가 되었음을 표상하는 존재입니다. 마치 서로 타인인 노동자들에게 공통성을 부여하는 것이 자본가의 동일성(동일한 자본가에게 고용되는 것)인 것처럼 말입니다.

한 사람처럼 움직이는 만인. 홉스가 정말로 매뉴팩처 작업장을 떠올리며 이런 생각을 했는지는 알 수 없습니다. 다만 홉스의 말은 그가 매뉴팩처 시대의 사상가임을 실감케 합니다. 그는 국가를 스프링과 톱니바퀴로 이루어진 시계처럼 묘사했지만, 사실 그가 말하는 인조인간에 더 가까운 것은 시계가 아니라 시계를 만드는 노동자입니다. 자본가의 지휘와 명령에 따라 일사불란하게 하나의 살아 있는 메커니즘이 되는 노동자들 말입니다. 홉스는 여기서 인조인간을 본 게 아닐까요. 거인 노동자 말입니다. 그리고 이 거인 노동자를 거느린 작업장의 군주인 자본가의 모습에서 자기 시대의 군주를 이해했던 건 아닐까요.

차례

저자의 말——거인과 난쟁이   005

1 **착취의 진보**   015
   ◦ 상대적 잉여가치—잉여가치를 늘리는 또 하나의 천재적 방법
   ◦ 경쟁의 강제법칙
   ◦ 추가 잉여가치
   ◦ 마르크스가 일일이 계산하는 이유
   ◦ 노동생산력 증대와 노동 단축은 별개
   ◦ 추가 잉여가치는 어디서 왔는가
   ◦ 강화된 노동—잉여노동은 기계에서 나오는 게 아니다
   ◦ 착취의 진보—더 문명화하고 더 세련된 착취

2 **'함께'의 착취**   059
   ◦ 생산력을 높이는 두 가지 방법—작업방식과 기계의 변화
   ◦ '함께'의 효과 ①—평균노동의 실현
   ◦ '함께'의 효과 ②—생산수단의 절약
   ◦ '함께'의 효과 ③—추가 생산력의 창출
   ◦ 24개의 손을 가진 인간, 거인 노동자의 생산력
   ◦ 협업과 인간의 '유적 능력'
   ◦ 지휘자로서 자본가
   ◦ 위험한 진실—부르주아지가 원하지 않는 진실
   ◦ '함께'에 대한 배신
   ◦ 거인 노동자의 몫은 어디에?
   ◦ 왕의 사업과 자본가의 사업

3 손이 된 인간——매뉴팩처의 노동자들 113
  ◦매뉴팩처, 손으로 하는 일
  ◦매뉴팩처의 두 가지 기본 형태
  ◦부분노동자, 손이 된 인간
  ◦500개의 망치—생산성 증대의 비밀
  ◦살아 있는 메커니즘
  ◦노동의 등급화와 자본가가 얻는 이득

4 사회적 분업과 매뉴팩처 분업 그리고 자본주의 143
  ◦매뉴팩처 시대의 학자 애덤 스미스
  ◦'사회적 분업'의 두 가지 발생 형태
  ◦사회적 분업과 매뉴팩처의 분업
  ◦분업의 형태는 시대마다 다르다
  ◦자본의 부속물이 된 노동자
  ◦매뉴팩처 시대에 탄생한 학문 ①—산업보건학
  ◦매뉴팩처 시대에 탄생한 학문 ②—정치경제학
  ◦잉여가치 생산의 논리적 순서에 대한 오해
  ◦공장 밖을 서성이는 그림자

부록노트 191
  ◦Ⅰ——도시와 농촌의 분리 192
  ◦Ⅱ——마르크스의 인도론 198
  ◦Ⅲ——아그리파의 우화 211
  ◦Ⅳ——과학적 관리법과 빨간 페터 216
  주 227

일러두기

- 『거인으로 일하고 난쟁이로 지불받다』는 열두 권의 단행본과 열두 번의
  강연으로 채워지는 〈북클럽 『자본』〉 시리즈의 7권입니다. 〈북클럽
  『자본』〉은 철학자 고병권이 카를 마르크스의 『자본』 I권을 독자들과
  함께 더 깊이, 더 새롭게, 더 감성적으로 읽어나가려는 기획입니다.

- 『거인으로 일하고 난쟁이로 지불받다』는 『자본』 I권 제4편 "상대적
  잉여가치의 생산"의 제10~12장을 다룹니다. 〈북클럽 『자본』〉의
  출간 목록과 다루는 내용은 아래와 같습니다. 괄호 안은 『자본』 I권의
  차례이며 독일어 판본(강신준 옮김, 『자본』, 길)을 기준으로 삼았습니다.

  1권(2018. 08) — 『다시 자본을 읽자』
  　　　　　　　　(『자본』 I권의 제목과 서문 등)

  2권(2018. 10) — 『마르크스의 특별한 눈』
  　　　　　　　　(『자본』 I권 제1장)

  3권(2018. 12) — 『화폐라는 짐승』
  　　　　　　　　(『자본』 I권 제2~3장)

  4권(2019. 02) — 『성부와 성자_자본은 어떻게 자본이 되는가』
  　　　　　　　　(『자본』 I권 제4장)

  5권(2019. 04) — 『생명을 짜 넣는 노동』
  　　　　　　　　(『자본』 I권 제5~7장)

  6권(2019. 06) — 『공포의 집』
  　　　　　　　　(『자본』 I권 제8~9장)

  7권(2019. 10) — 『거인으로 일하고 난쟁이로 지불받다』
  　　　　　　　　(『자본』 I권 제10~12장)

  8권(2019. 12) — 『자본의 꿈 기계의 꿈』
  　　　　　　　　(『자본』 I권 제13장)

9권(2020. 03)—『임금에 관한 온갖 헛소리』

　　　　　　　　　　(『자본』 I권 제14~20장)

10권(2020. 08)—『자본의 재생산』

　　　　　　　　　　(『자본』 I권 제21~22장)

11권(2020. 12)—『노동자의 운명』

　　　　　　　　　　(『자본』 I권 제23장)

12권(2021. 04)—『포겔프라이 프롤레타리아』

　　　　　　　　　　(『자본』 I권 제24~25장)

- 〈북클럽『자본』〉에서 저자는 독일어 판본 '마르크스·엥겔스전집'
  *MEW: Marx Engels Werke*과 김수행이 우리말로 옮긴 『자본론』(I,
  비봉출판사, 2015), 강신준이 우리말로 옮긴 『자본』(I, 길, 2008)을
  참고했습니다. 본문 내주는 두 번역본을 기준으로 표기하되
  필요하면 지은이가 번역문을 수정했습니다. 단, 본문에서
  마르크스의 『자본』 원문의 해당 장(章)을 언급할 때, 시리즈의
  3권부터는 독일어 판본을 기준으로 표기하고 영어 판본(김수행
  번역본)이 그것과 다를 경우 괄호로 병기했습니다.

- 〈북클럽『자본』〉은 이전에 없던 새로운 활자체를 사용하였습니다.
  책과 활자를 디자인하는 심우진이 산돌커뮤니케이션과 공동 개발한
  「Sandoll 정체」가족의 530, 630입니다. 그는 손글씨의 뼈대를
  현대적으로 되살려 '오래도록 편안한 읽기'를 위한 본문 활자체를
  제안하였습니다. 아울러 화자의 호흡을 고스란히 드러내는
  문장부호까지 새롭게 디자인하여 글이 머금은 '숨결'까지
  살려내기를 바랐습니다.

1

착취의 진보

우리가 자본주의에 산다는 점을 고려하지 않는다면
노동생산력의 증대는 '과로'가 아닌,
다른 것을 의미할 수도 있겠지요.
자본주의는 인간의 자유와 복리가 아니라
이윤을 목적으로 하는 체제입니다.
생산의 필요노동시간을 줄이는 이유는
잉여노동시간을 늘리기 위해서지
노동시간 자체를 줄여주려는 것이 아닙니다.
적어도 자본주의에서는 생산성 향상과
노동일 단축 사이에 인과관계가 없습니다.
새로운 기계를 가지고 더 빨리 더 많이 일하면
생산성은 더더욱 높아질 테니,
결국 착취 사회에서는
진보도 '착취의 진보'가 되고 맙니다.

반 고흐, 〈아스니에르에 있는 공장들〉, 1887.
"노동의 사회적 생산력을 발전시키는 것은 노동자를 위한 것이 아니라
자본가를 위한 것이다. ……그것은 노동에 대한
자본의 새로운 지배 조건을 만들어낸다. 따라서 그것은 한편에서는
역사적 진보이자 사회의 경제적 형성 과정의 필연적 발전 계기로 나타나면서도
다른 한편에서는 문명화되고 세련된 착취 수단으로서 나타난다."

착취의 천재! '강제노동'이지만 채찍은 없습니다. 제발 일을 시켜달라고 제 발로 찾아오니까요. 착취는 있지만 불법은 없습니다. 제값을 지불하고 잉여노동을 뽑아냈으니까요. 강제 노동은 자유의 겉모습을, 착취는 공정(公正)의 겉모습을 하고 있습니다. 정말로 천재입니다. 마르크스가 말했지요. "정력이나 탐욕만이 아니라 효과(효율, Wirksamkeit) 면에서도 자본은…… 이전의 모든 생산체계를 능가한다."[김, 422; 강, 432] 사람들을 일하게 하고 잉여노동을 짜내는 데서 자본주의만큼 천재적인 체제는 없을 겁니다.

∘ 상대적 잉여가치—잉여가치를 늘리는 또 하나의 천재적 방법 지난 책(〈북클럽『자본』〉 시리즈 6권 『공포의 집』)에서 우리는 자본이 맞닥뜨린 한계를 보았습니다. 가치의 증식을 위해서는 잉여노동을 확보해야 합니다. 자본가들은 이를 위해 노동일을 늘렸습니다. 하지만 여기에는 물리학적·생물학적·정치적 한계가 있습니다. 노동일은 어떻게 해도 24시간을 넘을 수 없습니다. 노동자는 휴식을 필요로 하는 생명체이기에 실제 노동일은 그보다 짧지요. 게다가 노동자들이 집단으로 세력을 형성하면 노동일은 더 짧아질 수 있습니다. 그렇다고 자본가가 노동자 수를 마구 늘릴 수 있는 것도 아닙니다. 인구학적 한계가 있으니까요. 『자본』 I권 제3편 "절대적 잉여가치의 생산"의 끝에서 우리는 자본이 출구 없는 벽에 부딪힌 것 같다고 느꼈습니다.

하지만 사람을 일하게 하고 잉여노동을 짜내는 데 이만큼 천재적인 체제는 없다고 이미 말했지요. 자본은 출구를 찾아냅니다. 노동일이나 노동인구를 늘리는 것 말고도 길이 있었던 겁니다. 이제까지 우리는 노동력의 가치를 '불변량'으로 전제했습니다. 이런 전제에 입각할 경우 잉여가치를 얻는 방법은 더 많은 노동자를 더 오래 일 시키는 것 외에는 없습니다. 노동일이란 필요노동시간과 잉여노동시간의 합계이며, 노동력의 가치에 해당하는 필요노동시간이 고정되어 있으니 잉여노동시간을 늘리기 위해서는 전체 노동일을 늘리는 수밖에 없으니까요.

그런데 노동력의 가치가 불변이라는 전제를 버리면 어떻게 될까요. 1노동일을 'a————b—c'라고 표시해봅시다. ab의 길이는 필요노동시간이고, bc의 길이는 잉여노동시간입니다. 지금까지 우리는 ab의 길이는 변하지 않는다고 전제했습니다. 그러므로 잉여가치를 최대로 얻으려면 종점인 c를 최대한 연장하는 수밖에 없었습니다. 그런데 이것이 더는 불가능하다고 해서 과연 bc의 길이를 늘일 방법이 없을까요. 선분을 오른쪽으로 연장할 수 없다면 왼쪽으로 연장하는 방법이 있지요. 출발점인 b를 a 쪽으로 이동하는 겁니다. 물론 이것은 그동안의 전제를 버릴 때 가능합니다. 노동력의 가치 즉 필요노동시간을 줄일 수 있다고 보는 것이지요.

필요노동시간을 단축하면 노동일을 늘리지 않아도 잉여노동시간이 늘어납니다. 1노동일이 12시간이고 이 중 필요노동시간이 10시간이며 잉여노동시간은 2시간이라고 해봅시다. 그런데 필요노동시간을 9시간으로 줄일 수 있다면 1노동일 12시간은 그대로인 채 잉여노동시간이 3시간으로 늘어납니다. 잉여가치율이 20퍼센트에서 33퍼센트로 올라가지요. 전체 노동일은 그대로이지만 필요노동과 잉여노동의 분할 비율이 달라진 겁니다.[김, 428; 강, 438]

문제는 어떻게 필요노동시간을 줄이느냐 하는 건데요. 쉽게 떠올릴 수 있는 방법은 임금을 노동력의 가치 이하로 지불하는 겁니다. 시간은 줄이지 않았지만 임금을 줄여 그런 효과를 내는 거죠. 만약 1노동시간의 가치가 5000원이라면 하루 10시간 고용했을 때 자본가는 노동자에게 5만 원을 지불해야 합니다. 그런데 일당을 9시간에 해당하는 4만 5000원만 지급한다고 해봅시다. 그러면 잉여노동시간을 3시간으로 늘리는 효과가 납니다. 정당하게 지불해야 할 필요노동시간의 일부를 약탈한 것이지요.

현실적으로는 이런 일이 많을 겁니다. 상품교환은 등가교환이 기본이지만 자기 생명줄을 쥐고 있는 쪽과의 대등한 거래는 교과서에나 나오는 이야기이지 현실이 아닙니다. 대기업은 중소기업의 납품 단가를 '후려치고' 자본가는 노동자의 임금을 '후려칩니다'. 하는 말은 언제나 똑같죠. 당신 말고도 이 일 원하는 사람 많다고. 규모만 놓고 본다면 이렇게 비정상적으로 번 돈이 정상적으로 번 돈보다 많을지도 모르겠습니다.

하지만 이런 식으로 만들어낸 잉여가치는 과학의 대상이 아닙니다. 『자본』에서는 이런 경우를 상정하지 않습니다. "이런 방법이 임금의 현실 운동에서 중요한 역할을 수행하는 것은 맞지만 여기서는 노동력을 포함해서 모든 상품들이 가치대로 매매된다는 것을 전제했기 때문에 이런 경우를 배제한다."[김, 429; 강, 439] 여러 차례 말했지만 마르크스가 『자본』에서 상정하는 자본가는 피도 눈물도 없는 냉정한 인간이기는 하지만 사기와 협박을 일삼는 비열한 인간은 아닙니다. 『자본』의 자본가는 임금을 노동력의 가치대로 지불합니다.

그렇다면 우리가 필요노동시간의 단축과 관련해서 고려할 수 있는 경우는 하나뿐입니다. 실제로 '노동력의 가치가 하락하는' 경우죠. 비열한 자본가처럼 잉여노동을 늘리기 위해 필요노동을 강제로 줄이는 게 아니고(즉 노동력의 가치를 제 값보다 깎아내리는 게 아니고), 실제로 필요노동이 감축되어(즉 노동력의 가치가 하락해) 잉여노동이 증대하는 경우입니다.[김, 429~430; 강, 439]

노동력의 가치가 하락한다는 것은 어떤 의미일까요. 노동력의 가치는 노동력이라는 상품을 생산하는 데 사회적으로 필요한 노동량이라고 했습니다. 달리 말하면 노동자가 정신적·신체적·사회적으로 건강한 생활을 영위하는 데 필요한 양의 가치죠. 마르크스는 이 가치량을 노동자가 필요로 하는 생활수단의 가치로 계산할 수 있다고 했습니다(『성부와 성자』, 129~133쪽). 그렇다면 생활수단의 가치가 떨어지면 노동력의 가치도 떨어질 겁니다.

　가령 양말 제조업에서 생산성 혁신이 일어나 양말 제조공이 동일 노동시간에 두 배의 양말을 생산할 수 있다고 해봅시다. 하루 1만 켤레를 생산하는 공장에서 2만 켤레를 생산할 수 있게 된 겁니다. 이제 양말 한 켤레의 가치는 반으로 줄어듭니다. 한 켤레에 2000원 하던 것이 1000원에 팔립니다(엄밀히 계산하면 반값이 되지는 않습니다. 그 이유는 조금 뒤에 설명하겠습니다). 노동자들은 그만큼 저렴한 비용으로 양말을 구입할 수 있고, 이처럼 노동자들의 생활수단을 생산하는 산업 부문에서 노동생산력이 증대하면 노동력 일반의 가치는 하락합니다{참고로 영어판은 '노동생산력'(Produktivkraft der Arbeit)을 '노동생산성'(productivity of labor)으로 옮겼습니다. 마르크스가 '생산성'(Produktivität)이라는 말을 아예 안 쓴 것은 아닙니다만(지금 우리가 다루는 부분에서는 분업과 관련해 두 번 썼습니다.[김, 464~465; 강, 472]) 거의 모든 곳에서 '생산력'이라는 말을 씁니다. '노동생산성'이라는 단어를 알고 있음에도 '노동생산력'이라는 단어를, 그것도 '상대적 잉여가치' 개념을 설명할 때 쓴 데는 그만한 이유가 있지 않을까요. 내 생각에 마르크스는 우리가 흔히 '생산성 증대'라고 말하는 것이 노동자의 힘이 발휘된 결과라는 점을 나타내고 싶었던 것 같습니다. '노동생산성'으로 옮겨도 의미가 통하고 어떤 점에서는 더 친숙하지만, 그래도 이런 뉘앙스를 살리려면 '노동생산력'으로 옮기는 게 낫다고 봅니다}.

　노동자들의 생활수단의 가치가 떨어지면 노동력의 가치

가 떨어진다고 했는데요. 노동자들의 생활에 직접 소요되는 소비재만 노동력의 가치에 영향을 미치는 것은 아닙니다. 양말 가치 하락은 양말 제조업에서 노동생산력이 증대한 결과일 수도 있지만, 양말 제조에 이용된 생산수단의 가치가 하락한 결과일 수도 있습니다. 양말을 만들 때 사용하는 원료나 기계의 가치가 떨어지면 양말의 가치도 떨어집니다. 이 경우에는 양말 제조업이 아니라 원료와 기계를 납품한 공장의 노동생산력이 영향을 미친 것이지요. 직접적으로는 해당 생활수단을 생산하는 산업의 생산력이 영향을 미치지만 간접적으로는 그 부문에 생산수단을 제공하는 산업들의 생산력도 영향을 미칩니다.[김, 431; 강, 441]

한 상품의 가치 하락이 노동력의 가치에 미치는 영향은 그 상품이 노동력 재생산에 관여하는 만큼입니다. 양말의 가치 하락은 노동자의 지출 가운데 양말 구매에 해당하는 만큼만 영향을 미치겠지요. 현재 한국 사회에서 최저생계비를 책정할 때 식료품비, 주거비, 교통·통신비, 교양오락비 등 372개 품목을 조사한다고 했는데요(『성부와 성자』, 132쪽). 이런 품목에 해당하는 상품들의 가치 변동이 노동력의 가치에 영향을 미칩니다(쌀값 같은 식료품비나 집세 같은 주거비 등은 직접적 영향을 미치지요). 간접적으로는 이 상품들의 생산수단(원료와 기계)의 가치 변동도 일정한 영향을 미치고요.

노동력 재생산에 직간접적으로 관여하는 상품들의 전체 가치가 10퍼센트 하락하면 노동력의 가치도 10퍼센트 하락합니다. 예전에는 10시간에 생산되던 생활수단이 이제는 9시간이면 생산되는 것이지요. 그럼 전체 자본가들은 1노동일의 길이를 연장하지 않은 채로 잉여노동시간을 1시간 늘릴 수 있습니다. 물론 임금을 노동력의 가치대로 지불하고서요.

이제야 우리는 이번에 우리가 다룰 『자본』 I권 제4편 첫 단락의 의미를 이해할 수 있습니다. 마르크스는 지금까지 우리는 노동일 중에서 노동력의 가치에 해당하는 노동일 부분을 불변적 크기로 간주해왔다고 말하면서, "사회의 일정한 경제적 발전 단계에서는 그것이 실제로 불변의 크기"라고 했습니다.[김, 427; 강, 437] 자본주의 발전의 어느 단계까지는 실제로 노동력의 가치가 크게 변하지 않는다는 겁니다. 방금 본 것처럼, 노동력의 가치를 저하시키려면 노동자들의 생활수단을 생산하는 다양한 산업부문(원료와 기계 등 간접적으로 영향을 미치는 부문까지 포함)에서 생산력이 크게 증대해야 합니다. "노동이 수행되는 생산조건들, 다시 말해 생산방식, 노동과정 자체에서 하나의 혁명이 일어나야만" 하는 거죠.[김, 430; 강, 440] 작업방식도 노동수단도 근본적으로 변해야 합니다. 그것도 한 공장, 한 생산부문에서가 아닙니다. 여러 공장, 여러 부문에서 전반적 혁명이 일어나야 합니다.

그러므로 노동력의 가치 하락을 통한 잉여가치의 생산은 개별 자본가가 고안해낼 수 있는 책략 같은 게 아닙니다. 한 자본가가 어느 날 '왜 이런 걸 몰랐을까? 이렇게 하면 되는데!' 하는 식으로 떠올릴 수 있는 방법이 아니라는 겁니다. 이것은 사회 전반의 혁명적 변화를 전제합니다. 개인이 생각해서 해낼 수 있는 게 아니지요.

　앞서 우리가 살펴본 대로 『자본』 제3편에서 '잉여가치'는 노동일 연장을 통해 생산되었습니다. 방적공이 전통적 방식으로 물레를 가지고 작업해도 적용할 수 있는 모델이었어요. 자본가의 통제 아래서 필요노동시간을 넘겨 일하면 잉여가치가 생깁니다. 더 오래 일하면 더 많은 잉여가치가 생기는 식이지요. 작업방식과 도구는 예전의 그것과 차이가 없습니다. 노동시간만 길어진 거죠. 하지만 제4편에서 다룰 잉여가치는 다릅니다. 노동일을 연장하지 않습니다. 다만 노동력의 가치에 해당하는 필요노동시간을 단축할 뿐입니다. 그렇게 해서 노동일 중 필요노동시간과 잉여노동시간의 비율을 바꿉니다.

　마르크스는 전자의 방식으로 생산된 잉여가치를 '절대적 잉여가치'(absoluten Mehrwert), 후자의 방식으로 생산된 잉여가치를 '상대적 잉여가치'(relativen Mehrwert)라고 부릅니다. [김, 431; 강, 441] '절대적 잉여가치'는 말 그대로 절대적 의미에서 노동량을 추가한 겁니다. 하루 노동시간을 10시간에서 12시간으로, 14시간으로 늘리는 것이지요. '상대적 잉여가치'는 하루 노동시간을 늘리지는 않습니다. 노동자는 똑같이 12시간을 일합니다. 이전과 비교해 절대적으로 추가된 노동량은 없습니다. 하지만 '상대적 잉여가치'의 생산에서도 잉여노동은 늘어납니다. 필요노동에서 줄어든 만큼이 잉여노동으로 전환되었으니까요.

　두 잉여가치의 생산방식은 매우 다르고 이번 7권에서는 이 차이를 강조합니다만, 그럼에도 둘의 공통점을 잊어서는 안 됩니다. 수식어가 무엇이든 모든 잉여가치는 잉여노동을 의미합니다. 필요노동 이상의 노동을 의미하는 거죠. 12시간을 14시간으로 늘리는 것도, 12시간을 그대로 둔 채 필요노동시간을 10시간에서 8시간으로 단축하는 것도 노동자들로서는 자신이 지불받은 가치 이상의 노동을 한다는 뜻입니다. 필요노동시간이 10시간에서 8시간으로 줄어들었다면, 노동자 자신에게는 필요 없는 노동시간, 오로지 자본가를 위해서만 일하는 노동시간이 2시간에서 4시간으로 늘어났다는 뜻입니다(1노동일이 12시간인 경우). 자본가를 위해 짜 넣는 생명력의 크기, 다시 말해 착취도가 두 배로 늘어난 겁니다.

◦ 경쟁의 강제법칙

상대적 잉여가치의 생산은 개별 자본가가 고안해낼 수 있는 책략이 아니라고 했는데요. 만약 각 공장에서 노동생산력이 증대해 해당 공장의 노동력의 가치를 곧바로 떨어뜨리고 그만큼 해당 공장주의 잉여가치를 늘린다면 자본가 개인이 그런 책략을 세울 수 있겠지요. 하지만 노동력의 가치는 해당 공장의 노동생산력으로 결정되지 않습니다. 자동차 공장이 생산하는 상품은 자동차이지 노동력이 아닙니다. 그러므로 자동차 공장의 노동생산력 증대는 자동차의 가치에 영향을 미치지 곧바로 노동력의 가치에 영향을 미치지는 않습니다.

　물론 노동력의 생산(재생산)과 관련해 자동차가 차지하는 비중만큼은 노동력 가치를 계산할 때 영향을 미치겠지요(한 공장이 아니라 자동차 산업 전반에서 생산성 혁신이 있었다고 한다면 말입니다). 그러나 자동차는 쌀, 의복, 주거, 교육, 통신 등 노동자의 생활에 필요한 여러 재화 중 하나일 뿐입니다. 그리고 그 영향도 모든 업종에 고르게 미치죠. 거의 모든 업종의 자본가에게 똑같은 효과를 냅니다. 제빵업에서 노동생산력이 증대해 빵의 가치가 하락했을 때 자동차 산업의 자본가도 그 혜택을 누리는 것처럼 말입니다.

　지난 책에서 우리는 1840년대 영국 자본가들이 곡물법 폐지를 위해 얼마나 분투했는지 살펴본 바 있습니다(『공포의 집』, 149~151쪽). 마르크스는 1846~1847년을 '영국 경제사의 시대적 전환점'이라고 불렀는데요. 곡물법이 폐지되고 면화 등의 원료에 대한 수입관세가 철폐되었기 때문입니다. 이념적으로도 자유무역이 큰 승리를 거두었지요. 그러나 이것은 이념만의 문제가 아닙니다. 곡물은 당시 노동력의 가치에 가장 큰 영향을 미치는 요소였습니다. 곡물 수입을 자유화하면 곡물 가격이 떨어질 것이므로 지주에게는 타격을 입히지만 자본가들에게는 이익입니다. 면화 등의 원료도 마찬가지입니다. 그 역시 직간접적으로 노동력의 가치를 떨어뜨립니다.

　그런데 노동생산력을 증대하려는 개별 자본가의 노력이 전체의 이익을 생각한 숙고의 결과일까요. 노동생산력 증대가 노동력의 가치 하락에 미치는 영향은 해당 상품이 노동자의 생활에서 차지하는 비중과 직접성에 달렸는데요. 이를테면 노동자의 생활에 직접적 영향을 미치는 제빵업의 자본가는 그 정도가 덜한 조선업 자본가의 잉여가치까지 생각해서 생산력 증대에 나설까요.

우리의 자본가는 그런 사람이 아닙니다. 이론적 인간도 아니고(이론 따위는 정치경제학자들에게 넘겨버리는 실천적 인간이죠), 함께 살길을 찾는 공생주의자도 아닙니다(전체에 큰 손실이 가해진다 해도 자기에게 이익이면 '뒷일은 난 몰라' 하는 식으로 행동하는 인간이죠). 설령 자본가 계급 전체에 유익한 결과를 낳았을지라도 그것을 위해 행동했던 것은 아닙니다. 마르크스는 이렇게 말합니다. "물론 한 개별 자본가가 노동생산성(노동생산력)을 향상함으로써 이를테면 셔츠의 가격을 떨어뜨린다고 할지라도 그것이 그가 그만큼의 노동력의 가치 즉 그만큼의 필요노동시간을 줄이려는 목적을 염두에 둔 것이라고 할 수는 없다. 그러나 결과적으로는 이런 결과에 기여한 셈이며 그런 한에서 그는 전반적인 잉여가치율의 상승에 기여한 셈이다"[김, 432; 강, 442].

개별 자본가들은 알지 못하면서도 행합니다. 『자본』의 제2장에서 마르크스는 일반적 등가물의 출현과 관련해 상품소유자들을 파우스트에 비유한 바 있는데요(『화폐라는 짐승』, 42쪽). 행동이 앞서는 인간들이라는 뜻이었어요("태초에 행동이 있었다"[김, 113; 강, 152]). 그때 마르크스는 일반적 등가물이 '사회적' '행동'의 결과로서, 개인이 의식적으로 만들어낼 수 있는 게 아님을 주장했지요. 상대적 잉여가치의 생산을 가능케 한 자본가들의 행동에도 비슷한 면모가 있습니다. 개인으로서 자본가는 전체적 결과를 알지 못한 채로 행동합니다.

"자본의 일반적이고 필연적인 경향과 그 현상형태는 구별되어야 한다."[김, 432; 강, 442] 자본의 법칙과 그것이 자본가에게 나타나는 모습은 다릅니다. 자본가가 행동할 때 떠올리는 것은 자본주의적 생산의 내적 법칙 같은 게 아닙니다. 그가 의식하는 존재는 동일 업종의 다른 자본가입니다. 그는 자기 업체의 노동생산력이 경쟁 업체보다 높아야 한다는 점만 생각합니다. 그로 인해 전체 노동력의 가치가 하락하고 그 덕분에 전체 자본가의 잉여가치율이 상승한다는 생각을 하지는 않습니다.

자본주의적 생산의 법칙은 개별 자본가들이 의식하지 못하는 가운데 그들의 경쟁을 통해 관철됩니다. 이것이 마르크스가 말하는 '경쟁의 강제법칙'(Zwangsgesetze der Konkurrenz)입니다.[김, 432; 강, 442] 우리는 이 말을 지난 책에서 이미 만났습니다(『공포의 집』, 126쪽). 자본가는 노동일 연장과 절대적 잉여가치의 창출이 어떻게 연결되는지 이론적으로는 알지 못합니다. 다만 옆 공장보다 일찍 불을 꺼서는 살아남을 수 없다는 것만을 알 뿐입니다.

이번 책에서 말하는 노동생산력 증대도 마찬가지입니다. 작업방식과 노동수단을 혁신함으로써 옆 공장보다 생산성이 높아야만 경쟁에서 살아남을 수 있다고 생각하지요. 그는 자본주의적 생산의 내적 법칙 따위는 모릅니다. 그에게 나타난 것은 치열한 경쟁이지요. 이 경쟁에서 살아남고 더 나아가 승리하려고 필사적인 것뿐입니다. 그런데 이런 노력의 결과로 그들 자신이 의식하지 못한 자본주의적 생산의 내적 법칙이 관철됩니다.

사실 마르크스는 여기서 자본주의적 생산의 내적 법칙이 경쟁을 통해 어떻게 현상하는지, 개별 자본가들이 왜 그런 식으로 행동할 수밖에 없는지를 충분히 설명하지는 않습니다. 그는 이 문제를 "여기서는 고찰할 수 없다"라고 말합니다. [김, 432; 강, 442] 여러 차례 언급한 것처럼 『자본』에서는 서술 순서가 중요한데요. 지금은 경쟁을 통한 법칙의 관철을 설명할 단계가 아니라는 거죠. 아직은 자본 간 경쟁은 고사하고 자본의 내적 본질조차 충분히 해명하지 않았으니까요(참고로 자본들 간의 외적 경쟁을 통한 내적 법칙의 관철은 『자본』 III권 제1편과 제2편에서 다룹니다).

그럼에도 불구하고 마르크스는 지금까지의 논의에 입각해서도 경쟁을 통해 상대적 잉여가치의 생산이 이루어지는 과정을 어느 정도는 설명할 수 있다고 봅니다. 상대적 잉여가치라는 개념을 이해하지 못해도 자본가들로서는 노동생산력 증대에 나설 중요한 이유가 있으니까요. 사실 개별 자본가에게는 노동력의 가치 하락을 통한 상대적 잉여가치의 생산이 그 자체로는 행동의 강력한 유인이 되지 않을 겁니다(설령 그

메커니즘을 이해했다고 해도 말입니다). 그것은 사회 전체를 우회하는 너무 먼 길이고 개별 자본가가 미칠 수 있는 영향도 너무 제한적이니까요. 한 제빵 공장의 노동생산력이 증대해도 제빵업 전체에 미치는 영향은 제한적이고, 제빵업에서 생산력이 증대해도, 다른 생활수단을 생산하는 업종에서 그런 증대가 없으면 노동력의 가치 하락은 미미할 겁니다. 따라서 노동력의 가치 하락을 노리고 제빵업 자본가가 작업방식을 바꾸거나 새로운 기계를 도입한다고 보기는 어렵지요.

그렇다면 자본가로 하여금 노동생산력 증대에 나서게 하는 적극적 유인은 무엇일까요. 좀 전에 경쟁에서 살아남기 위해서라고 했는데요. 사실 자본가는 노동생산력을 높이면 경쟁에 유리하고 직접적 이익이 발생한다는 걸 압니다. 이 이익은 눈앞에 있는 이익입니다. 업종과 상관없이(생산하는 상품이 노동자의 생활수단이 아니어도 됩니다), 곧바로 자기에게 떨어지는 이익입니다. 이 이익이 생산력 증대의 직접적 이유일 겁니다. 도대체 어떤 이익일까요.

◦ 추가 잉여가치

노동생산력을 높이면 해당 자본가에게 어떤 이익이 생기는가. 마르크스가 든 예를 볼까요. 어느 공장에서 1노동시간에 상품 1개를 생산한다고 합시다. 1노동일은 12시간이고요. 그럼 하루 동안 12개의 상품을 생산하겠지요. 1노동시간의 가치를 화폐로 표현하면 6000원에 해당한다고 가정하겠습니다. 그럼 상품 1개의 가치는 얼마인가요? 6000원이요? 아닙니다. 생산물의 가치에는 생산과정에서 투여된 현재의 노동량만이 아니라 생산수단(원료와 기계)에 들어 있는 과거의 노동량도 포함되니까요. 상품 1개 만드는 데 소모된 생산수단의 가치도 6000원(1노동시간)이라고 해두죠. 그럼 상품 1개의 가치는 1만 2000원이 될 겁니다[6000원은 새로 추가된 가치(v+m)이고 6000원은 생산수단의 가치(c)입니다]. 하루에 12개의 상품을 생산했다면 상품 전체의 가치는 14만 4000원입니다.

14만 4000원은 전체 생산물의 가치(상품 가격의 총액)입니다. 그런데 이 시리즈 5권에서 '생산물의 가치'와 '가치생산물'을 구분해야 한다고 했던 말을 기억할 겁니다(『생명을 짜 넣는 노동』, 144쪽). 생산물의 가치(상품 전체의 가치)는 '생산수단의 가치＋노동력의 가치＋잉여가치'(c+v+m)인데요. 이 중에서 '생산수단의 가치'(c)는 과거 생산과정에서 생산된 것을 현재의 생산과정에서 보존한 것에 불과하고, 현재의 생산과정에서 노동자가 새로 더한 부분은 '노동력의 가치＋잉여가치'(v+m)입니다. 전체 14만 4000원 중에서 7만 2000원이 여기에 해당하지요. 상품 1개를 기준으로 하면 1만 2000원 중 6000원이 여기 해당하고요. 노동생산력 증대로 상품의 가치가 떨어진다면 여기에 변화가 생기는 겁니다(과거에 생산된 생산수단의 가치에는 변화가 없고요). 'c+v+m' 중 'v+m'만 변하는 거죠.

이제 노동생산력의 비약적 증대가 일어났다고 해봅시다.

작업방식을 바꾸었든 노동수단을 바꾸었든 상관없습니다. 하루 생산량이 12개에서 24개로 늘어났다고 해볼까요. 그럼 상품 1개의 실제 가치는 어떻게 될까요. 이전에는 생산과정에서 1개당 1노동시간이 추가되었는데요(12개를 12시간 동안 생산했으니까요). 이제는 1개당 ½노동시간만 더해집니다(24개를 12시간 동안 생산했으니까요). 상품 1개당 사용된 생산수단의 가치는 그대로 1노동시간(6000원)인데 새로 추가된 가치는 ½노동시간(3000원)인 겁니다('c'는 그대로이고 'v+m'만 반으로 준 것이지요). 그래서 생산력의 증대가 일어나기 전 상품 1개의 가치는 2노동시간(1만 2000원)이었는데 이제는 1.5노동시간(9000원)이 됩니다. 노동생산력이 증대하자 상품 1개의 가치가 떨어졌습니다.

그런데 상품의 가치는 한 공장에서 결정되는 게 아닙니다. 상품의 가치는 해당 상품을 생산하는 데 '사회적으로' 필요한 노동량입니다. 즉 "한 상품의 현실적(wirkliche) 가치는 그것의 개별적(individueller) 가치가 아니라 사회적(gesellschaftlicher) 가치"입니다.[김, 433; 강, 443] 여기서 '사회적'이라는 말에는 '평균적'이라는 뜻이 담겨 있습니다. 사회적 평균 조건(Durchschnittsbedingungen)에서, 바꾸어 말하면 평균적인 노동생산력을 전제했을 때의 가치입니다.

동일 제품을 생산하는 대다수 공장에서는 하루 생산량이 여전히 12개인데 우리의 자본가만 새로운 생산방식을 적용해 24개를 생산한다고 해봅시다. 평균 조건에서 결정된 상품의 가치는 1만 2000원(2노동시간)입니다. 그런데 우리 자본가가 생산한 상품은 사실 9000원(1.5노동시간)이지요. 시장에서 통용되는 가치대로 거래될 경우 우리 자본가는 상품 1개당 3000원(0.5시간)의 이익을 더 봅니다. 하루 생산량 전체로 보면 7만 2000원(12시간)의 이익을 추가로 보는 거죠. 이처럼 생산방식의 혁신을 통해 사회적 평균보다 훨씬 높은 노동생산성을 달성할 경우 그는 다른 자본가들은 누리지 못하는 별도의 이익을 누립니다. 이것을 마르크스는 '특별 잉여가치'(Extramehrwert)라고 부릅니다.[김, 434; 강, 443]

　　사실 '특별 잉여가치'는 좋은 번역어가 아닙니다(오랫동안 통용된 번역어라 일단은 사용합니다만). 마르크스가 이 말을 통해 뭔가 '특별한' 잉여가치를 언급하려는 게 아니니까요. 'Extramehrwert'는 자본가들이 얻고자 하는 '별도의 잉여가치' 내지 '추가 잉여가치'를 가리킵니다. 그래서 영어판과 프랑스어판에서도 'special' 같은 단어로 옮기지 않고 각각 'extra'와 'supplémentaire'라는 말로 옮기고 있습니다.[6] 모두 '별도의', '추가적', '여분의' 등의 뜻을 담은 말이지요.

　　오해하지 말아야 합니다. 노동생산력이 평균보다 높으면 이익을 보고 평균보다 낮으면 손해를 보며 평균과 같으면 이익도 손해도 없다는 식으로 생각할 수 있거든요. 그런데, 그렇지 않습니다. 평균인 경우에도 잉여가치가 생깁니다. 상품의 가치는 '생산수단의 가치＋노동력의 가치＋잉여가치'(c＋v＋m)로 이루어져 있습니다. 평균적인 노동생산력을 전제했을 때의 상품가치에도 이미 잉여가치가 포함되어 있지요. 말하자면 하루에 12개를 생산한 경우에도 잉여가치를 얻습니다. 그런데 하루 24개를 생산하면 평균일 때 실현되는 잉여가치 외에도 7만 2000원(12시간)에 해당하는 추가 잉여가치를 얻는 겁니다.

실제로는 특별 잉여가치(추가 잉여가치)가 이만큼은 아닐 겁니다. 생산량이 늘어나면 구매자도 늘어나야 합니다. 시장 규모가 더 커져야 하죠. 우리의 자본가는 다른 자본가들보다 먼저 팔기 위해서(그리고 새로운 구매자가 유입되도록 하기 위해서) 가격을 낮출 겁니다. 사회적 필요노동량으로 정해진 가치보다는 낮게, 하지만 자기 공장에서 투여한 노동량보다는 높게 말입니다. 그렇게 하면 제품들을 모두 팔아 치우면서도 생산성 증대로 인한 특별 잉여가치를 얻을 수 있습니다.

현실에서 우리 자본가는 1만 2000원짜리 물건을 1만 원에 팝니다. 겉보기에는 2000원을 깎아주는 것 같습니다. 그러나 실제로는 9000원짜리를 1만 원에 파는 것이니 상품 1개당 1000원의 특별 잉여가치를 얻는 겁니다. 모두 24개를 생산했으니 하루 동안 특별 잉여가치로 2만 4000원을 벌 수 있습니다. 보통의 자본가라면 하루 1만 2000원(2노동시간)의 잉여가치를 얻을 텐데요. 우리의 자본가는 이 1만 2000원에 더해서 2만 4000원을 추가로 법니다. 모두 3만 6000원을 버는 거지요. 잉여가치량이 세 배나 많습니다.

그러니 자본가로서는 노동생산력 증대에 나설 수밖에 없

습니다. 이것은 앞서 말한 것처럼 해당 상품이 노동자들의 생활수단으로서 얼마나 비중을 차지하느냐와는 상관이 없습니다.[김, 434; 강, 443] 노동자의 생활수단이 아닌 상품이어도 됩니다. 노동생산력을 높여 제품의 단가를 낮출 수만 있다면 이런 효과를 누릴 수 있습니다. 우리 자본가의 눈에 먼저 들어오는 것은 바로 이것입니다. 그러니 눈에 불을 켤 수밖에 없죠. '눈에 불을 켜고' 노동생산력을 높일 방법을 밤낮으로 찾는 겁니다.

◦ 마르크스가 일일이 계산하는 이유

사실 특별 잉여가치에 대한 이야기는 복잡한 게 아닙니다. 노동생산력 향상으로 제품의 단가를 크게 낮출 수 있다면 돈을 벌 수 있습니다. 이 사실을 모르는 사람은 없을 겁니다. 그런데 왜 마르크스는 이것을, 일일이 예를 들어가며 계산하는 걸까요. 어려운 계산은 아니지만 꽤나 번잡해 보이는데 말입니다. 마르크스는 노동력과 생산수단의 가치를 가정하고 노동생산력 상승에 따른 잉여가치량 변동을 일일이 따져봅니다. 굳이 이렇게까지 해야 할까요.

마르크스는 종종 말했습니다. 나타난 대로 믿으면 안 된다고. 우리에게 나타난 모습이 실재는 아니라는 건데요. 마르크스가 자주 했던 말이죠. 그는 여기서 다시 한번 이 점을 환기해줍니다. 그가 애용하는 예가 또 나옵니다. "천체의 외관상의 운동은, 감각적으로는 알아차릴 수 없지만 실제적인 운동을 인식할 수 있는 그런 사람들에게만 이해될 수 있는" 것과 같다고요.[김, 432; 강, 442] 실제로는 지구가 돌고 있지만 우리 눈에는 태양이 도는 것처럼 나타납니다. 과학자라면 어떻게 이런 현상이 일어날 수 있는지를 해명해야 하지요(『마르크스의 특별한 눈』, 17쪽).

자본가의 눈에 나타나는 것은 '잉여가치'가 아니라 '이윤'이고, '잉여가치율'이 아니라 '이윤율'입니다. 그가 볼 때 이윤이란 비용과 매출의 차이입니다. 다시 말해 '비용가격'과 '판매가격'의 차이죠. 그리고 이윤율이란 총투자액에 대한 이윤의 비율입니다. 얼마를 투자해서 얼마를 챙겼는가 하는 것이죠. 자본가에게는 이게 중요해요. 자본은 이윤과 이윤율이 높은 쪽으로 이동합니다.

마르크스는 『자본』 III권에서 자본가에게 그리고 우리에게 익숙한 이 현상을 해명합니다. 말하자면 '저 하늘에서 돌고 있는 태양'을 해명하는 거죠. 우리는 최종 생산물의 가치(W)가 '생산수단의 가치＋노동력의 가치＋잉여가치'(c＋v＋m)로 이루어져 있음을 압니다. 이 중 '생산수단의 가치'(c)와 '노동력의 가치'(v)는 자본가가 지불하는 비용입니다. '비용가격'(k)이라 할 수 있죠. 우리는 생산물의 가치를 '비용가격'을 넣어 표시할 수도 있습니다. '생산수단의 가치＋노동력의 가치'(c＋v) 대신에 '비용가격'(k)을 넣으면 되니까요.

$$W＝c＋v＋m＝k＋m \text{ (k는 비용가격)}$$

이 등식의 의미는 자본가에게 아주 명확합니다. 물건 값은 비용에 이윤을 더한 값이라는 말이니까요. 이윤은 얼마인가. 상품 판매가격에서 비용가격을 빼면 됩니다($m = W - k$)[7] (참고로 나는 지금 편의상 가치와 가격을 함께 쓰고 있는데요. 엄밀히 하자면 가치나 가격 중 하나로 통일해야 합니다).

여기서 말하는 잉여가치와 이윤은 똑같은 것을 형태만 달리해 표현한 겁니다(전자는 가치형태, 후자는 가격형태지요). 하지만 잉여가치율과 이윤율은 아예 값이 다릅니다. 잉여가치율은 '잉여가치와 노동력 가치의 비율'(m/v)인데요. 자본가가 챙겨 간 부분과 노동자에게 지급한 부분 사이의 비율을 표현합니다. 반면 이윤율은 총투자액(생산수단 가치＋노동력 가치) 대비 이윤(잉여가치)의 비율입니다(이윤율과 잉여가치율에 관한 보다 자세한 설명은『생명을 짜 넣는 노동』, 144~148쪽 참조).

상품의 가치(판매가격)를 생산수단의 가치, 노동력의 가치, 잉여가치의 합으로 적는 것과 비용가격, 이윤의 합으로 적는 것 사이에 무슨 차이가 있을까요. 수학적으로는 아무런 문제도 없는 전환인데 말입니다. 또 잉여가치율 대신 이윤율을 쓰는 것은 어떤가요. 자본가에게는 이것이 더 의미 있는 지표 아닐까요. 동일한 돈을 투자했는데 이윤이 다르다면 당연히 이윤율이 높은 쪽으로 돈을 옮길 테니까요. 맞습니다. 실제로 자본가는 이윤을 비용과 관련지어 생각하고, 비용 대비 이윤이 어떻게 되느냐에 민감하게 반응합니다.

그런데 마르크스는 노동생산력을 높이면 비용이 줄어들

고 이윤이 올라간다는 식으로 말하지 않습니다. 그는 생산수단의 가치(불변자본)와 노동력의 가치(가변자본)를 일일이 구별하고 노동생산력의 상승이 무엇을 의미하는지, 그것이 어떤 값을 변화시키는지 따집니다. 그리고 여기에 입각해 특별잉여가치량을 계산합니다.

　왜 그럴까요. 바로 '그릇된 외관'(falschen Schein)[8]에서 생겨날 수 있는 신비화를 막기 위해서입니다. 자본가의 눈에 분명하게 나타나는 '비용'이라는 범주는 상품의 가치가 어떻게 만들어지고 가치증식이 어떻게 일어나는지를 가려버립니다. 그러고는 어떤 환상을 일으키지요. 가령 500파운드스털링의 비용을 들여 600파운드스털링의 생산물을 만들어냈다고 해봅시다. 판매가격(생산물의 가치, W)을 '비용가격과 이윤의 합' ($k+m$)으로 생각할 경우 600파운드스털링 중 비용가격에 해당하는 500파운드스털링이 어떻게 보전되고 이전되는지, 그리고 이윤(잉여가치)에 해당하는 100파운드스털링이 어떻게 생산되는지를 전혀 알 수 없습니다. 가치의 이전과 증식을 맡고 있는 항이 보이지 않으니까요. 그저 자본가가 들인 '비용'만 나타나 있습니다. 이런 외관 때문에 신비화가 일어납니다. 500파운드스털링에 어떤 신비한 힘이 있어 100파운드스털링이 생겨났다거나, 낭비를 줄인 자본가의 절제나 금욕이 그것을 가능하게 했다는 식의 주장이 나오는 것이죠.

　이윤율도 그렇습니다. 잉여가치율은 '노동력의 가치'에 대한 '잉여가치'의 비율이므로, 잉여가치가 어디서 왔으며 자본가가 노동력을 얼마나 착취하는지를 곧바로 보여줍니다(잉여가치율은 자본가가 챙겨 간 것과 노동자에게 지급한 것의 교환 비율이니까요). 그런데 이윤율은 자본의 '총투자액'에 대한 '이윤'의 비율입니다. 말하자면 '자본'과 '자본의 자식'이 맺는 관계입니다('이자 낳는 자본'처럼 그 이름 그대로 원금과 원금이 낳은 수익의 관계처럼 보이겠지요). 성부와 성자처럼 한 몸이 되는 일종의 자기관계가 되는 것일 뿐 노동과의 관계는 드러나지 않는 겁니다. 이렇게 되면 이윤(잉여가치)이 자본 스스로의 운동으로 창조된 것이라는 환상이 생겨납니다.[9]

　　마르크스가 특별 잉여가치량을 일일이 계산한 이유가 여기 있습니다. 노동생산력이 두 배 향상될 때 실제로 상품의 가치가 반값이 되지는 않는데요. 생산력이 증가하면 각각의 생산물에 새로 들어가는 노동량은 반으로 줄어들지만 생산물로 이전되는 생산수단의 가치는 그대로이기 때문입니다. 앞서의 예를 다시 보면 생산량은 12개에서 24개로 늘어났습니다. 하지만 상품의 가격은 1만 2000원에서 9000원으로, 즉 반값이 되지 않았습니다. 노동생산력이 증대하면 상품 1개의 판매가격에서 비용에 해당하는 부분이 줄어드는 것은 맞습니다. 하지만 더 엄밀히 말하면 비용에 들어가는 항목이 모두 줄어드는 것은 아니고 그중 노동력의 가치에 해당하는 부분만 줄어드는 겁니다. 노동생산력이 올라갔다는 것은 사용하는 원료나 기계 비용은 그대로인데 제품 1개당 들어가는 노동량이 줄어들었다는 뜻이니까요. 그런데 생산성이 높아져 비용이 줄어들었다고만 말하면 이런 사실이 드러나지 않습니다. 특별 잉여가치에 대한 진정한 공로자가 드러나지 않으니 자본의 신비한 힘이나 자본가의 절제 같은 가짜들이 공로자 행세를 하는 거죠.

그렇다고 마르크스가 판매가격, 비용가격, 이윤, 이윤율 같은 말을 쓰지 않는 것은 아닙니다. 『자본』 III권에 가면 그도 이런 말을 자유롭게 씁니다. 그는 이런 용어와 그 용어가 가리키는 현상을 부정하는 게 아닙니다. 오히려 이런 현상이 어떻게 나타나게 되었고 어떤 환상을 유포하는지를 밝히고 고발하는 것이 그의 작업이지요. 사실 개념들에 대한 기본적 이해만 확실하다면 이런 용어를 써도 상관이 없습니다. 우리는 지구가 돈다는 걸 알지만 "해가 동쪽에서 떠서 서쪽으로 진다"라고 말할 수 있고, 가을에 하늘이 실제로 높아지는 게 아니지만 "가을이 되니 하늘이 높네"라는 말을 쓸 수 있습니다. 그것이 우리에게 그렇게 나타나는 이유를 알고 있으면 됩니다. 우리는 아무런 망상 없이 일출과 일몰을 감상할 수 있고 높아진 가을 하늘을 만끽할 수 있습니다.

○ 노동생산력 증대와 노동 단축은 별개

특별 잉여가치(추가 잉여가치)는 자본가가 노동생산력을 높이려는 강력한 동기라고 할 수 있습니다.[김, 434; 강, 444] 앞서 말했듯 이것은 해당 상품이 노동자의 생활수단으로서 차지하는 비중과는 상관이 없습니다. 이 점에서 특별 잉여가치는 상대적 잉여가치와는 다릅니다. 상대적 잉여가치는 노동력의 재생산에 필요한 생활수단의 가치가 하락함으로써 생겨나는 것이니까요.

하지만 크게 보면 특별 잉여가치도 상대적 잉여가치의 일종이라고 할 수 있습니다. 이 경우에도 노동일의 연장 없이 필요노동과 잉여노동의 비율이 변하거든요. 앞서의 예를 가지고 이야기를 해보겠습니다.[김, 434~435; 강, 444] 우리는 1노동일이 12시간이고 이 중 필요노동시간이 10시간, 잉여노동시간이 2시간인 경우를 상정했습니다. 1노동시간의 가치를 화폐로 표현하면 6000원이라고 가정했으니 하루 필요노동시간의 가치는 6만 원, 잉여노동시간의 가치는 1만 2000원입니다. 그런데 노동생산력 증대로 생산량이 두 배 늘었습니다. 이제 1노동일에 24개를 생산하지요. 사회적 평균 조건에서 생산한 경우 상품 1개의 가치는 1만 2000원인데 우리 자본가는 9000원에 만들어냈습니다. 그는 고객 확보를 위해 1만 2000원보다는 싼 가격인 1만 원에 모두 내다 팔았습니다. 그래서 총 24만 원의 매출을 기록했지요. 그런데 여기에는 '소모된 생산수단'의 가치가 들어 있으니 이것을 제외해야겠지요. 1개당 6000원의 생산수단이 소모되었다고 가정했습니다. 전체 24개면 14만 4000원에 해당하죠. 전체 매출에서 '소모된 생산수단' 부분을 제외하면 9만 6000원이 남는데요. 필요노동시간의 가치(노동력의 가치)가 6만 원이라고 했으니 잉여노동시간의 가치(잉여가치)는 3만 6000원이 되겠지요.

이제 두 경우의 필요노동시간과 잉여노동시간의 비율을 비교해볼까요. 특별 잉여가치가 발생하기 전 필요노동시간과 잉여노동시간의 비율은 '10시간 : 2시간', 화폐로 표시하면 '6만 원 : 1만 2000원'이었습니다. 그런데 특별 잉여가치 발생 후 필요노동시간과 잉여노동시간의 비율을 화폐로 나타내면 '6만 원 : 3만 6000원'입니다(이것을 노동시간이 아니라 화폐로 표현하는 이유는 조금 뒤에 말하겠습니다). 전자는 5:1이고요, 후자는 5:3이지요. 즉 사회적 평균 조건에서 상품을 생산한 경우보다 필요노동에 대한 잉여노동의 비율이 세 배 증가한 겁니다. 노동일은 늘어나지 않았지만 노동자로서는 상대적으로 더 많은 잉여노동을 자본가에게 제공한 셈이지요.

상대적 잉여가치란 노동력의 가치가 하락함으로써 생겨난 것이라고 했는데, 노동력의 가치 하락은 여러 산업부문에서 노동생산력이 상승할 것을 전제합니다. 그리고 그 효과도 모든 자본가들이 함께 누립니다. 특별 잉여가치도 상대적 잉여가치의 일종으로 볼 수 있다고 했지요. 노동일 연장 없이 필요노동과 잉여노동의 상대적 비율을 변화시켰으니까요. 그런데 이 비율의 변화는 개별 공장에서 일어난 것입니다. 그래서 마르크스는 특별 잉여가치를 얻은 개별 자본가에 대해 이렇게 말합니다. "자본이 상대적 잉여가치의 생산에서 전반적이고 전체적으로 행하는 일을 그는 개별적으로 행한 것이다." [김, 435; 강, 445]

물론 이런 식으로 특별 잉여가치를 계속 얻을 수는 없을 겁니다. 다른 자본가들이 가만있지 않을 테니까요. 경쟁의 강제법칙이라는 게 작동합니다. 다른 자본가들도 노동생산력을 증대하려고 새로운 방식을 받아들이겠지요. 특별 잉여가치를 얻은 자본가가 사용한 작업방식이나 기계를 도입할 겁니다. 그러면 새로운 평균이 만들어질 테고 특별 잉여가치는 사라집니다. 여기 적응하지 못한 경쟁자들은 도태되고요.[김, 435; 강, 445]

개별 자본가들은 특별 잉여가치를 얻기 위해 혹은 도태되지 않기 위해 노동생산력 증대를 위한 노력을 게을리하지 않을 겁니다. 이는 업종을 가리지 않고 일어나는 일입니다. 업종을 가리지 않는다는 건 여기에 노동자들의 생활수단을 생산하는 업종도 포함된다는 뜻입니다. 그런데 노동자들의 생활수단을 생산하는 업종에서 노동생산력이 증대하면 노동력 일반의 가치가 하락합니다. 개별 자본가들은 그런 걸 의식하지 않지만 전체적으로는 그런 일이 일어납니다. 마르크스는 이를 이렇게 정리하고 있습니다. "상품의 가격을 떨어뜨리고 그럼으로써 노동자 자체의 가격을 떨어뜨리기 위해 노동생산성을 증대시키는 것은 자본의 내재적 충동이자 끊임없이 지속되는 경향이다."[김, 436; 강, 445] 개별 자본가들은 눈앞의 이익을 향해 달려가는데, 마치 총자본가가 지휘라도 한 것처럼 이들의 행동은 자본가 전체에 유익합니다. 모두에게 상대적 잉여가치를 제공하니까요.

왜 자본가는 자기 상품의 가치를 떨어뜨리는가. 그것이

돈을 버는 길이기 때문입니다. 당연한 이야기지만 자본주의적 생산의 목적은 비싼 상품이 아니라 많은 이윤입니다. 상품이 고가(高價)인 게 중요한 게 아니고 고부가가치(高附加價値, 더 엄밀히 하자면 고잉여가치)인 게 중요합니다. 지난 책에서 노동일에 관해 다룰 때도 마찬가지 이야기를 한 적이 있지요. 자본가가 노동일을 늘리려고 하지만 그의 목적이 장시간 노동 그 자체에 있는 건 아니라고요. 그가 원하는 것은 잉여노동입니다(『공포의 집』, 44쪽). 그런데 절대적 잉여가치의 생산에서는 노동일 연장이 잉여노동을 늘리는 유일한 길이었습니다. 잉여노동에 대한 갈망이 노동일 연장의 갈망으로 나타날 수밖에 없었던 거죠.

자본가가 정말로 원하는 것은 가치가 아니라 잉여가치이고 노동이 아니라 잉여노동이라는 것을 잊으면 안 됩니다. 그가 가치의 생산, 다시 말해 상품의 생산에 나선 것은 잉여가치를 위해서이고, 노동자를 고용한 것은 잉여노동을 위해서입니다. 이 단순한 사실을 이해하지 못하면 우리는 케네(F. Quesnay) 같은 정치경제학자가 던진 물음 앞에서 당황하게 됩니다. 케네는 노동자들이 부를 생산한다고 말하는 사람들에게 물었습니다. 왜 교환가치의 생산에 관심을 가진 자본가가 상품의 교환가치를 높이기는커녕 낮추려고 하는지, 그리고 노동이 부를 늘린다고 했는데 왜 노동을 절약해서 제품 가격을 낮춘 자본가가 돈을 버는지.[김, 437; 강, 447] 지금까지의 논의를 통해 이미 우리는 상품에 들어가는 노동량의 감소가 어떻게 자본가에게 이익이 되는지 알고 있습니다. 케네의 물음에 충분히 답을 할 수 있지요.

사실 케네는 자신이 본 현상에 대해 잘못 물었습니다. 그는 자본가가 왜 상품의 가치(판매가격)를 떨어뜨리고 왜 노동을 절약하느냐고 물었는데요. 그는 이렇게 물었어야 합니다. 왜 자본가는 생산성 즉 노동생산력을 높여 상품의 가치(판매가격)를 떨어뜨리려 하느냐고. 대답은 간단합니다. 상품의 가치가 낮아지는 것은 상품 하나에 들어가는 노동량이 줄어든 것이지 상품생산 과정에서 전체 노동량이 줄어든 것은 아닙니다. 즉 이전에 12시간 일해 120개를 생산하다가 1200개를 생산하게 되면, 상품 1개에 들어가는 노동량은 줄겠지만 결국 1200개를 생산해야 하므로 전체 노동량은 줄지 않는 겁니다. 그저 노동생산력이 증대한 것이지요. 그리고 노동생산력의 증대는 해당 자본가에게는 특별 잉여가치를 제공하고 자본가 전체에는 상대적 잉여가치를 제공합니다.

노동생산력이 늘어난다고 노동일이 줄어들지는 않는다는 점에 유념할 필요가 있겠습니다. 줄어드는 것은 필요노동시간이지 노동일이 아닙니다. 이를테면 노동자는 여전히 12시간을 일합니다. 다만 예전에는 120개를 생산했으나 이제는 1200개 생산할 뿐입니다. 상황에 따라 노동일은 더 늘어날 수도 있습니다. 필요노동시간을 줄이는 식으로 잉여노동시간을 늘릴 수 있다는 말이 노동일 연장을 통해 잉여노동시간을 늘리면 안 된다는 이야기는 아니니까요. 노동일 연장이 불가능할 때도 자본가에게는 다른 길이 있다는 것이지, 이것을 하면 저것은 할 수 없다는 식의 이야기가 아닙니다. 자본가로서는 필요노동시간을 줄이면서 노동일도 연장할 수 있다면 더 좋겠지요. 12시간에 120개 생산하던 것을 1200개 생산할 수 있다고 해도, 14시간 노동이 가능하다면 그는 14시간에 1400개를 생산하도록 할 겁니다.

마르크스는 시니어와 유어, 매컬록(MacCulloch) 등의 정치경제학자가 바로 이것을 요구했다고 했습니다. 이들은 황당한 주장을 폈습니다. 노동생산력이 늘어 필요노동시간이 줄어들었으니[노동력의 가치를 구성하는 상품의 가격이 내려갔으니], 이제 노동자들은 10시간이 아니라 15시간을 일해서 그것에 "감사를 표해야 한다"라고요.[김, 438; 강, 447~448] 필요노동시간이 줄어들었다면 그만큼 노동일을 줄여도 잉여노동시간은 유지될 수 있다는 뜻인데요. 그런데도 이들은 필요노동시간 단축을 노동일 연장의 근거로 둔갑시켰던 겁니다.

○ 추가 잉여가치는 어디서 왔는가

상대적 잉여가치는 노동의 추가 투입 없이 생산될 수 있습니다. 실제로 나는 그렇게 설명했습니다. 노동일이 늘어나지 않으므로 노동자가 하루 투입하는 노동량이 이전보다 늘어나는 것은 아니라고. 노동생산력 증대는 단지 필요노동시간과 잉여노동시간의 비율만을 바꾼다고. 그런데 여기에는 암묵적 전제가 하나 있습니다. 바로 노동강도가 일정해야 한다는 겁니다. 만약 작업속도가 두 배 상승하면 생산물도 두 배로 늘어날 테니 생산성이 크게 높아질 겁니다. 하지만 이렇게 작업속도가 올라간 경우에는 노동자가 그만큼 더 많이 힘을 쓴다고 해야 할 겁니다. 즉 노동의 투입량이 늘었다는 것이죠. 앞서의 설명에서는 이런 점을 고려하지 않았습니다. 생산량은 늘었지만 노동강도는 그대로라고 전제했지요.

만약 이 전제를 유지하고 본다면 어떻게 될까요. 전체 노동량은 그대로라고 했으므로 전체 가치생산량도 그대로라고 할 수 있습니다. 그렇다면 절대적 잉여가치를 제외한 상대적 잉여가치와 특별 잉여가치는 어디서 온 것일까요. 전체 가치생산량이 늘어나지 않았으니 말이지요. 물론 모든 잉여가치, 더 나아가 모든 가치는 노동자들의 노동에서 온 겁니다. 그런데 이렇게 생산된 가치가 어떻게 분배되는가와 관련해서 보자면 상대적 잉여가치와 특별 잉여가치는 출처가 조금 다릅니다.

먼저 상대적 잉여가치의 경우. 노동일과 노동강도는 그대로고 노동생산력만 증대했다고 해보죠. 그러면 전체 가치생산량에는 변화가 없을 겁니다. 하루 동안 투입한 노동량이 달라지지 않았으니까요. 하지만 하루 노동력의 가치가 떨어집니다. 이는 노동자들(전체로서 노동자계급)이 자신의 생활을 위해 가져가는 부분과 자본가들(전체로서 자본가계급)이 잉여가치로 챙겨 가는 부분의 비율이 달라진다는 말입니다. 달리 말하면 노동자들이 자기 노동력의 가치 이상으로 제공한 잉여노동량이 증가한 거죠. 자본가들이 노동력의 가치를 제대로 지불했다고 해도 노동력의 가치 자체가 하락했으므로 두 계급 사이의 소득 격차는 벌어집니다. 물론 생활수단의 가치가 하락한 것이므로 노동자들의 생활수준 자체는 떨어지지 않을 수 있고 심지어 물자 기준으로는 이전보다 더 풍족해질 수도 있습니다.

그런데 특별 잉여가치의 경우는 다릅니다. 이것은 특정 기업(특정 자본가)의 노동생산력만 비약적으로 상승하는 경우였죠. 노동일과 노동강도가 일정하다면 이 경우에도 전체 가치생산량은 그대로일 겁니다. 그럼 자본가가 얻은 추가 잉여가치는 어디서 왔을까요. 그것은 (동일 제품을 생산하는) 다른 자본가로부터 옵니다. 생산성이 낮은 기업들의 잉여가치 일부를 이전해 온 셈이죠(물론 그 잉여가치도 기본적으로는 거기 노동자들이 생산한 것입니다만). 상대적 잉여가치가 전체 가치생산물 중 자본가계급과 노동자계급이 가져가는 몫의 비율을 바꾼 것이라면, 특별 잉여가치는 자본가들 사이에서 이익의 재분배가 이루어지는 것이라 할 수 있습니다.

물론 이 둘이 별개는 아닙니다. 자본가로서는 그저 노동생산력만 높이면 되지요. 그 결과가 직접적으로 특별 잉여가치를 낳는지 간접적으로 상대적 잉여가치를 낳는지는 크게 중요한 문제가 아닙니다. 그리고 앞서 말한 것처럼 크게 보면 특별 잉여가치는 상대적 잉여가치의 일종으로 볼 수 있고요.

어떻든 자본은 노동일을 더는 늘릴 수 없는 상황에서 출구를 찾은 셈입니다. 절대적 의미에서 노동량의 추가 투입 없이도 잉여가치를 늘릴 방법을 찾았으니까요. 그런데 데이비드 하비(D. Harvey)는 『자본』의 이 부분을 해설하면서 상대적 잉여가치와 특별 잉여가치의 생산이 잉여가치에 대한 자본가들의 욕구만 충족하는 것은 아니라고 말합니다. 노동자들의 욕구도 충족되는 부분이 있다는 건데요. 그는 이것이 상대적 잉여가치와 특별 잉여가치의 생산에 노동자들이 저항하지 않는 이유에 대한 설명이 될 수 있다고 봅니다.[10] 이건 무슨 말일까요.

상대적 잉여가치의 경우 필요노동과 잉여노동의 비율, 즉 잉여가치율은 상승합니다. 노동자의 생활수단의 가치가 하락해 노동력의 가치가 하락했으니까요. 하지만 노동력의 가치 하락이 곧바로 노동자의 생활수준의 하락을 의미하지는 않습니다. 사용가치 즉 물자 기준으로 보면 더 풍족해질 수도 있습니다. 예전에는 상상할 수 없었지만 이제는 노동자들도 자동차를 몰고 다니는 게 흔한 일이 되었죠. 특별 잉여가치의 경우도 그렇습니다. 노동조합이 생산성 상승에 협조하는 대신 임금 인상을 얻어낼 수 있지요. 자본가가 얻는 추가 잉여가치의 일부를 분배해줄 수 있으니까요.

하비에 따르면 남북전쟁 이후 미국에서 일어난 일들이 대개 그렇습니다. 기술혁신으로 생산성이 올라갔고, 그 덕분에 노동자들의 생활수준이 높아졌으며, 실질임금도 어느 정도 올라갔다는 겁니다(다만 신자유주의가 본격화된 지난 30년 동안은 이런 현상이 사라졌다고 했습니다. 생산성 향상으로 얻은 수익을 자본가계급이 독차지해버렸다고요). 하비의 설명은 충분히 수긍할 만한 것입니다. 또 노동생산력 증대가 착취율 증대로 이어져 이로 인해 계급투쟁이 격화할 것이라는 단순한 사고법을 경계하는 데도 큰 도움이 됩니다.

○ 강화된 노동─잉여노동은 기계에서 나오는 게 아니다

하지만 상대적 잉여가치(특별 잉여가치를 포함해서)의 생산에는 정말로 노동의 추가 투입이 없는 걸까요. 이론적으로는 그렇게 전제할 수 있습니다. 그리고 하비 역시 그렇게 이해하는 것 같습니다. 이렇게 말하는 걸 보면 말이지요. "기계는 가치의 원천이 될 수 없지만 잉여가치의 원천은 될 수 있는 것이다."[11] 노동의 추가 투입 없이 오로지 기술혁신(새로운 기계의 도입)으로만 추가 잉여가치가 생겨났다면 그 기계를 해당 잉여가치의 원천으로 볼 수 있겠지요. 이 말의 맥락을 고려하면 수긍 못할 것도 없습니다. 하지만 좀 위험한 문장이지요. 자칫하면 기계 물신주의에 빠질 수 있으니까요. 하비의 말은 새로운 기계의 도입으로 필요노동과 잉여노동의 비율이 달라졌다는 정도에서 이해해야지, 잉여노동 자체를 기계가 생산했다고 이해하면 안 됩니다.

그런데 내가 하비의 말을 인용한 것은 마르크스의 생각과 미묘한 차이가 있기 때문입니다. 사실은 나 역시 일단은 하비처럼 상대적 잉여가치를 설명했습니다. 노동의 추가 투입

없이 노동생산력이 높아진 경우를 상정했어요. 하지만 마르크스의 문장을 잘 읽어보면 그가 노동생산력의 증대를 투입 노동량의 증대와 연결 지으려 한다는 것을 느낄 수 있습니다 (상대적 잉여가치나 특별 잉여가치를 이론적으로 설명할 때는 투입 노동량의 증대가 꼭 필요한 게 아닌데 말이지요).

마르크스는 이렇게 말했습니다. "예외적으로 생산력이 높은 노동은 강화된 노동(potenzierte Arbeit)으로 작용한다. 다시 말해 같은 시간에 같은 종류의 사회적 평균노동보다 더 높은 가치(höhere Werte)를 창출한다."[김, 435; 강, 444] 생산력이 높은 것은 노동자가 더 강도 높은 노동 혹은 더 고급의 노동을 수행한 결과라는 거지요.

여기서 '강화된 노동'이라고 옮긴 'potenzierte Arbeit'에 주목할 필요가 있습니다. 독일어 'potenzieren'은 '강화하다'라는 뜻과 함께 수학적으로 '제곱하다'라는 뜻이 있습니다. 내가 수학적 의미에 주목하는 것은, 마르크스가 '복잡노동' (kompliziertere Arbeit)과 '고급노동'(höhere Arbeit)에 대해 말한 바를 떠올리게 하기 때문입니다.

『자본』제1장에서 마르크스는 말했습니다. "복잡노동은 단지 '강화된'(potenzierte) 단순노동 혹은 더욱 '배가된'(multiplizierte) 단순노동으로 간주될 수 있어서, 적은 양의 복잡노동은 더 많은 양의 단순노동과 같다."[김, 55; 강, 99] 우리는 지금까지 상품의 가치를 규정하는 노동량을 편의상 노동시간으로 측정했는데요. 마르크스는 복잡노동과 단순노동의 경우 똑같이 놓을 수 없음을 인정한 겁니다. 동일 시간에 동일한 가치를 생산했다고, 즉 상품에 동일한 노동량을 대상화했다고 말할 수 없다는 거죠. 그래서 복잡노동의 경우에는 단순노동의 '몇 배'의 노동량이 들어간 것으로 간주하자는 겁니다.

『자본』 제5장에서 말한 '고급노동'도 마찬가지입니다. 마르크스는 고급노동에 대해 '하루치의 고급노동은 X일의 단순노동'으로 계산할 수 있다고 했습니다.[김, 264; 강, 290] 즉 고급노동은 단순노동의 몇 배에 해당하는 가치를 생산한다고 본 거죠. 노동량이 몇 곱 더 든다는 말입니다. 물론 복잡노동과 고급노동을 똑같이 볼 수는 없습니다. 단순한 것과 복잡한 것은 양적 차이지만 단순한 것과 고급의 것은 질적 차이니까요. 그러나 마르크스는 고급의 경우에도, 즉 노동자가 더 고급의 능력을 발휘한 경우에도 더 많은 노동을 했다고 보는 것이 합당하다고 생각한 것 같습니다. 동일한 시간에 평균적 단순노동에 비해 더 복잡한 일을 했든 더 고급의 일을 했든 간에 더 많은 노동을 투여한 것으로 보아야 한다는 이야기죠.

그런데 노동생산력의 증대를 통한 추가 잉여가치를 설명하면서 마르크스는 복잡노동과 고급노동을 설명할 때 사용한 표현을 다시 쓰고 있습니다. 이것은 그가 노동생산력의 증대를 복잡노동이나 고급노동의 경우처럼 양적으로든 질적으로든 더 많은 노동이 투입되었다고 본다는 뜻일 겁니다. 실제로 그는 생산력이 예외적으로 높은 노동에 대해 '더 많은 가치를 창출한다'라는 흔한 표현 대신 '더 높은(더 고급의) 가치를 창출한다'라는 다소 어색한 표현을 썼습니다. 아마도 여기서 '고급노동'을 떠올렸기 때문일 겁니다.

　정리하자면 마르크스가 생산력이 높은 노동을 '강화된 노동'이라 부른다는 것은 노동의 추가 투입이 있다고 보는 겁니다. 보통의 경우보다 몇 배 늘어난 노동이라는 거죠. 노동시간은 그대로지만 실제로는 일을 더한 것과 같습니다. 꼭 고급노동, 복잡노동에만 이런 말을 할 수 있는 게 아닙니다. 단순노동의 경우에도 작업속도를 높이면, 그러니까 노동강도를 높이면 노동시간이 같아도 실제로는 더 많은 노동을 한 셈입니다.

　마르크스가 특별 잉여가치를 설명하면서 가치량을 노동시간이 아니라 화폐로 나타낸 것은 이런 이유일 겁니다. 노동시간으로는 노동자들이 동일 시간에 더 많은 노동을 투입했다는 사실을 표현할 수 없으니까요. 보통은 가치를 나타낼 때 시간을, 가격을 나타낼 때 화폐단위를 썼는데요. 여기서는 시간으로 표현할 수 없는 가치 변동을 나타내기 위해 화폐단위를 쓴 겁니다. 그러니까 여기서는 가격이 아니라 가치를 표시한 것으로 보아야 하지요.

　앞에서 노동생산력의 비약적 증가에 따른 특별 잉여가치는 생산력이 낮은 다른 자본가들로부터 이전된 것이라고 했는데요. 노동생산력의 증대가 노동의 추가 투입을 수반한다는 점을 고려하면 조금 다르게 말해야 합니다. 마르크스는 노동생산력의 증대가 '강화된 노동'의 결과임에도 "우리의 자본가는 노동력의 하루 가치에 대하여 여전히 종전과 마찬가지로…… 지불한다"라고 했습니다.[김, 435; 강, 444] 노동자가 더 많은 가치를 창출했음에도 자본가는 노동력의 가치를 종전대로 지불한다는 거죠. 이는 자본가가 얻은 추가 잉여가치가 단지 생산성 낮은 다른 기업의 자본가만이 아니라 자기 공장의 노동자들에 대한 직접적 착취에서도 온 것임을 말해줍니다.

　　　∘ 착취의 진보─더 문명화하고 더 세련된 착취

이론적으로는 노동량의 증대 없이도 생산성 상승을 통한 상대적 잉여가치나 특별 잉여가치를 설명할 수 있습니다. 그러나 나는, 마르크스는 그렇게 하지 않으려 했다고 강조했습니다. 그는 생산성 증대를 단순히 새로운 작업방식이나 새로운 기계의 도입이 이루어낸 것이라고 말하지 않습니다. 물론 이번 책, 그리고 다음 책에서도 살펴보겠지만 새로운 작업방식이나 새로운 기계의 도입으로 생산성이 크게 증대하는 것은 분명합니다. 그러나 마르크스는 이 경우에도 기본적으로는 그런 작업방식과 그런 기계 도입을 통해, 노동자가 더 큰 생산력을 '발휘하게' 되었다는 식으로 말하고 싶어합니다.

　　　나는, 지금 우리가 살펴보고 있는 『자본』 제10장(영어판은 제12장)에서 마르크스가 노동생산력이라는 용어를 쓰고 노동생산력의 증대를 '강화된 노동'으로 이해한 것이 중요하다고 봅니다. 이 장은 새로운 잉여가치 개념을 선보이는 곳이니

까요. 노동생산력의 증대방식은 이어지는 장에서 하나씩 차
례로 살펴볼 겁니다. 여기서는 새로운 잉여가치, 새로운 잉여
노동의 정체를 다시 한번 분명히 해두는 게 중요하겠습니다.
새로운 잉여가치의 생산이란 잉여노동의 새로운 추출법이라
고 할 수 있겠지요. 이는 잉여노동에 대한 자본의 갈망을 실현
하는 새로운 방법입니다.

절대적 잉여가치와 상대적 잉여가치의 경우를 비교해볼
까요. 처음에 잉여노동에 대한 자본의 갈망은 노동시간의 외
연적(extensiv) 확장으로 나타났습니다. 이것이 절대적 잉여가
치의 생산이지요. 그런데 노동시간의 외연적 확장이 한계에
부딪히자 이번에는 내포적(intensiv) 강화를 꾀합니다. 이것이
상대적 잉여가치의 생산입니다. 전자의 경우에는 잉여노동
이 노동시간의 연장(Extensität) 즉 '연장된 노동'의 형태를 취
하고, 후자의 경우에는 노동시간의 강도(Intensität) 즉 '강화된
노동'의 형태를 취하는 거죠. 이 두 가지는 자본주의에서 잉
여노동에 대한 자본의 갈망이 표현되는 기본 형태입니다. 노
동시간을 늘리거나 노동강도를 높이거나. 노동자 입장에서는
이것을 과로의 두 가지 기본 형태라고 할 수도 있겠지요. 과로
란 '장시간 노동'이거나 '고강도 노동'입니다.

우리가 자본주의에 산다는 점을 고려하지 않는다면 노동
생산력의 증대가 과로 아닌 다른 것을 의미할 수도 있을 겁니
다. 생산력이 증대했으니 노동시간을 줄이고 자유 시간을 늘
릴 수 있겠지요. 또 고급 능력을 발휘해 이전에는 생각지도 못

한 일을 해낼 수도 있을 겁니다. 그런 걸 마음에 그리며 작업 방식이나 기계를 고안하고 발명한 사람도 있을 겁니다.

하지만 작업방식이나 기계의 의미는 그것을 고안한 사람의 마음에 달려 있지 않습니다. 마르크스가 여러 번 강조하듯 그것은 사회적 조건이나 배치에 달려 있습니다. 이를테면 18세기에 다양한 종류의 면방적 기계가 발명되었습니다. 그 덕분에 물레를 쓸 때와는 비교도 할 수 없을 만큼 많은 면사를 만들어냈습니다. 이것이 무엇을 의미할까요. 언젠가 인용했던 마르크스의 말을 다시 인용해보겠습니다. "면방적기는 면방적용 기계다. 그런데 일정한 관계들에서 그것은 자본이 된다."(『성부와 성자』, 18쪽) 자본주의에서 면방적기는 현물인 실만이 아니라 가치의 생산수단이기도 합니다. 그리고 가치 생산수단으로서 방적기의 성능은 인간노동을 얼마나 잘 흡수하느냐에 달려 있습니다. 노동을 줄여주는 수단으로서가 아니라 '노동을 더 잘 빨아들이는 수단'으로 부각되는 것이죠.

거듭 말하지만 자본주의는 인간의 자유와 복리가 아니라 이윤을 목적으로 하는 체제입니다. 생산의 필요노동시간을 줄이는 이유는 잉여노동시간을 늘리기 위해서이지 노동시간 자체를 줄이기 위해서가 아닙니다. 자본주의에서는 생산성 향상과 노동일 단축 사이에 인과관계가 없습니다. 실제로 마르크스는, 지금 우리가 읽고 있는 『자본』 제10장에서 생산력 증대를 말하면서도 노동일(12시간)의 길이는 그대로 전제하고 있습니다. 노동생산력이 증대했다고 해서 노동일을 줄여

주어야 할 이유는 없으니까요. 적어도 자본주의에서는요. 그래서 기술혁신이 일어나고 생산성의 비약적 성장이 일어남에도 노동일은 좀처럼 줄지 않으며 노동은 오히려 강화되는 경향이 있습니다.

　새로운 기계들이 발명되면 과로가 사라질까요. 설령 노동자들의 작업을 편하게 만들어주는 기계가 나와도 과로가 사라지지는 않을 겁니다. 새로운 기계를 가지고 더 빨리 더 많이 일하면 생산성은 더더욱 높아질 테니까요. 착취 사회에서는 진보도 '착취의 진보'가 되고 맙니다. 야만적 착취의 자리를 문명화된 착취, 세련된 착취가 차지할 뿐이지요. 마르크스는 말했습니다. "노동의 사회적 생산력[생산성]을 발전시키는 것은 노동자를 위한 것이 아니라 자본가를 위한 것이다. ……그것은 노동에 대한 자본의 새로운 지배 조건을 만들어낸다. 따라서 그것은 한편에서는 역사적 진보이자 사회의 경제적 형성 과정의 필연적 발전 계기로 나타나면서도 다른 한편에서는 문명화되고 세련된 착취 수단으로서 나타난다."[김, 495; 강, 500]

2

'함께'의 착취

협업으로 탄생한 거인 노동자는
언제든 믿음직한 일꾼에서 무서운 투사로
돌변할 수 있습니다. 이것을 막으려면
평소 주도면밀한 관리가 필요하겠지요.
공장의 자본가는 한편으로는
지휘봉을 든 오케스트라 지휘자이지만
다른 한편으로는 진압봉을 든 경찰입니다.
그는 생산력을 증대하기 위해
노동자들을 이런저런 방식으로 조직하고
작업을 분배합니다. 그러나 동시에
노동자들이 게으름을 피우지는 않는지,
생산수단을 낭비하지는 않는지,
더 나아가 저항의 조짐을 보이지는 않는지
감시합니다.

디에고 리베라, 디트로이트 미술관 벽화(부분), 1932~1933.
'함께'는 개인들의 산술적 합이 아니다.
'함께'에는 개인으로 분해하고 나면 사라지는 어떤 잉여의 것이 있다.
어떤 '초과'가 존재한다.
결합노동은 개별노동이 가질 수 없는 힘을 창출한다.

상대적 잉여가치는 노동생산력을 증대함으로써 노동력 가치의 상대적 비중을 줄이는 식으로 생산된다고 했는데요. 이제 그 구체적 방법을 하나씩 살펴보겠습니다.

  ◦ 생산력을 높이는 두 가지 방법─작업방식과 기계의 변화
사실 나는 생산력 증대와 관련해 앞 장에서 이미 두 가지 방법을 지나치듯 언급했습니다. 생산력 증대를 가정하면서 '작업방식을 바꾸었든 노동수단을 바꾸었든' 하는 식의 표현을 썼지요. 그러니까 작업방식에 변화를 줌으로써 생산력을 늘리기도 하고, 생산수단 특히 기계의 도입으로 생산력이 늘어날 수도 있다는 걸 암시했던 셈인데요. 노동과정이라는 게 노동자가 생산수단을 가지고 생산물을 만들어내는 것이니, 생산자인 노동자 쪽에서 변화가 일어나거나 생산수단인 원료와 기계 쪽에서 변화가 일어나야겠지요.
    이것은 지난 책에서 우리가 살펴본 『자본』 제3편의 끝에서 마르크스가 암시한 것이기도 합니다. 거기서 그는 절대적 잉여가치의 생산과 관련해 자본에 닥친 한계를 말한 뒤 마치 단서를 흘리듯 두 가지 사항을 언급했습니다(『공포의 집』, 187~188쪽). 하나는 노동을 강제로 조직할 수 있는 자본가의 힘, 특히 자본가의 지휘에 대한 것이었고요, 다른 하나는 가치증식과정에서 생산수단이 하는 역할에 대한 것이었습니다. 사실 새로운 이야기는 아닙니다. 우리는 노동과정을 다룰 때 이 두 가지를 모두 살펴본 바 있습니다(『생명을 짜 넣는 노동』,

58쪽 그리고 136~137쪽).

그런데 지난 책의 끝에서는 색조랄까 뉘앙스가 조금 달랐습니다. 먼저 '자본가의 지휘'에 대해서 보자면 이전에는 노동과정에 대한 감시와 통제에 초점을 맞추었는데요. 여기서는 '더 많은 노동을 하도록' 노동자들을 조직하는 역할, 일종의 '강제 관계' 속으로 집어넣는 역할에 초점을 맞춥니다. 감시를 통해 낭비를 줄이는 소극적 기능이 아니라 더 많은 잉여노동을 뽑아내는 적극적 기능에 주목한 겁니다.

생산수단에 대한 언급에서도 마찬가지 변화를 느낄 수 있습니다. 가치증식과정에서 생산수단은 어떤 역할을 하는가. 이전에는 노동자가 가치를 이전하거나 추가할 때 대상이 될 뿐이었습니다. 객체에 불과했지요. 생산수단은 불변자본이므로 가치를 추가할 수도 없고 가치의 원천도 될 수 없습니다. 그런데 여기서는 생산수단을 가치증식에 적극적으로 관여하는 주체처럼 그립니다. 가치의 원천은 아니지만 가치의 원천에서 가치를 빨아대는 양수기 같다고 할까요. 그래서 마르크스도 '살아 있는 노동'과 '죽은 노동'의 관계가 '전도되어' 보인다는 말까지 했습니다. 노동자가 생산수단을 사용하는 게 아니라 생산수단이 노동자를 사용하는 것 같다고요.[김, 423; 강, 433]

이 두 가지를 실마리 삼아 노동생산력의 증대가 자본주의에서 어떻게 이루어져왔는지를 살펴보겠습니다. 하나는 자본가가 노동자들을 조직하고 지휘하는 방식과 관련된 것이고, 다른 하나는 생산수단 특히 기계에서 일어난 변화와 관련된 것입니다. 전자가 이번 책의 주제입니다. 그리고 후자는 다음 책의 주제입니다.

○ '함께'의 효과 ① ─ 평균노동의 실현

이 시리즈의 지난 6권까지 우리는 노동자들의 '수'를 크게 신경 쓰지 않았습니다. 말하자면 자본가에게 고용된 노동자가 한 명이어도 대체로 적용할 수 있는 모델이었지요. 하지만 매뉴팩처 작업장이나 공장을 떠올릴 때 노동자 한 사람만 있는 풍경을 떠올리는 사람은 거의 없을 겁니다. 자본주의적 생산은 장인이 도제나 직인 한두 명을 데리고 일하는 모델이 아니지요.

역사적으로 자본주의적 생산은 일정 규모 이상의 돈을 생산에 투자할 수 있을 때 시작됩니다. 일정 규모의 화폐 축적을 전제하지요. 본원적 축적('이른바 시초축적')이라는 것을 필요로 합니다. 그래서 "역사적으로나 개념적으로나" 자본은 일정 규모 이상의 돈입니다.[김, 439; 강, 449] 생산과정에 동원되는 노동력과 생산수단의 규모가 이전과는 다르다는 뜻이지요.

마르크스는 자본주의적 생산의 역사적 출발점에서 일단 눈에 띄는 것은 '규모'라고 말하고 있습니다. 즉 생산방식에서 자본주의의 초기 생산형태인 매뉴팩처와 길드의 차이는 일하는 "노동자의 수가 좀 더 많다는 것 말고는" 별로 없었

다는 겁니다. 매뉴팩처가 길드의 확대판 정도로 보인다는 거죠.[김, 439; 강, 449]

그런데 신기하게도 숫자만 많아져도 달라지는 것이 있습니다. 한 명이 일하는 것과 12명이 일하는 것은 다릅니다. 여기서 다르다고 말하는 것은 어떤 '초과' 내지 '잉여'가 나타난다는 뜻입니다. 노동력을 산술적으로 따지면 12명의 노동자는 노동자 한 명의 열두 배입니다. 한 사람의 노동일이 12시간이라면 열두 사람의 노동일은 144시간이겠지요. 그런데 함께 일을 하면 이런 식의 합산으로 다 설명되지 않는 효과가 나타납니다.

일단 일정 수가 넘으면 통계적 의미를 갖습니다. 우리는 상품의 가치가 그것을 생산하는 데 '사회적으로' 필요한 노동량으로 결정된다고 했는데요. 이때 '사회적으로'라는 말에는 '평균'의 의미가 담겨 있습니다. 그러니까 상품생산이 평균적 노동조건에서 평균적 질을 가진 노동력에 의해 생산되었다는 뜻이지요. 그런데 자본가가 어떤 한 사람을 고려했을 때 그가 이런 평균 노동자에 해당한다는 보장이 없습니다. 사실 개별 노동자는 평균과의 편차를 보일 수밖에 없지요.[김, 440; 강, 450] 평균보다 뛰어난 노동력을 가진 사람일 수도 있지만 그렇지 못한 사람일 수도 있어요. 하지만 노동자들의 수가 늘어나면 이런 편차 문제를 해소할 수 있습니다.

여론 조사를 할 때도 그렇지요. 국민 여론을 알아보겠다며 5000만 명 모두를 조사하지는 않습니다. 대통령이나 정당지지율에 대한 최근의 조사를 보면 표본 크기가 대략 1000명 안팎입니다. 이 정도의 표본만으로도 90퍼센트 넘는 확률로 전체 여론에 대한 판단을 할 수가 있습니다. 모집단이 5000만 개라고 해도 그 평균값은 1000개 크기를 가진 표본의 평균값과 거의 다르지 않습니다.

마르크스는 에드먼드 버크(E. Burke)를 인용했는데요.[김, 440; 강, 450] 버크는 차지농업가가 일을 시킬 때 일꾼 수가 다섯 명만 되어도 그 개별적 차이는 사라진다고 했습니다. 다섯 명 중에는 분명 일을 못하는 사람도 있겠지만 잘하는 사람도 있고 중간 수준인 사람도 있고 해서 어느 집단이나 다섯 명 정도만 뽑아내면 그 노동량 크기는 비슷해진다는 거죠.

요컨대 일정 규모 이상의 노동자가 모이면 '평균 노동자'가 존재한다고 할 수 있습니다. 사회 전체의 평균이 공장에서도 나타나는 거죠. 이 경우 우리는 공장의 전체 노동자를 사회의 평균 노동자로 간주할 수 있습니다. 우연적 편차가 공장 안에서 해소된다고 할 수 있는 거죠. 자본가로서는 소수만을 고용했을 때 발생할 수 있는, 통제 불가능한 우연의 문제를 해결하는 겁니다. 합리적 계산과 계획이 가능하지요. 가치증식의 일반적 법칙이 관철될 테니까요. 그래서 마르크스는 이렇게 말합니다. "가치증식의 일반법칙은 개별 생산자들에게는 그가 자본가로서 생산할 때, 즉 많은 수의 노동자를 동시에 사용하고 그럼으로써 처음부터 사회적 평균노동을 사용할 때 비로소 완전히 실현된다."[김, 442; 강, 452]

∘ '함께'의 효과 ②─생산수단의 절약

방금 이야기한 것은 직접적 이익 증가보다는 수익 구조의 안정성과 관계된 것입니다. 노동자 수가 늘어나면 통계적 법칙이 통용되니까요. 우연에 내맡겨진 상황에서 벗어나는 거죠. 하지만 이것은 위험요인을 줄인다는 점에서는 중요하지만 직접적 손익의 문제는 아닙니다. 손해를 볼 수 있듯 우연한 이익이라는 것도 있으니까요. 고용된 소수의 노동자들이 평균보다 높은 생산력을 발휘하는 경우 해당 자본가는 일반적 잉여가치율보다 더 높은 잉여가치율을 누리게 될 겁니다. 반대로 생산력이 평균보다 낮은 경우에는 잉여가치율이 일반적 잉여가치율보다 낮겠지요(물론 자본가가 생산력 낮은 노동자들을 그대로 방치하지는 않을 겁니다. 해당 노동자들은 곧 해고되거나 최소한 임금 삭감을 당하겠죠).

그런데 많은 노동자들이 '함께' 일하면 실제로 이윤이 늘어납니다. 이윤 증대에 직접적 기여를 하지요. 이와 관계된 요인들을 살펴보겠습니다. 먼저 '소극적으로' 기여하는 것들이 있습니다. 여기서 '소극적'이라고 말한 것은 생산량을 늘려서, 즉 노동생산력의 증대를 통해 추가 잉여가치를 만들어낸 것이 아니기 때문입니다. (노동생산력의) '증대'를 통한 이익이 아니라 (생산수단의) '절약'을 통한 이윤을 말하려는 겁니다.

아무것도 바꾸지 않아도 됩니다. 단지 많은 노동자들을 '함께' 일하게 하면 '대상적 조건들'과 관련된 혁명이 일어납니다.[김, 442; 강, 452] 생산수단에 대한 효율적 이용이 가능해지니까요. 노동자들을 한곳에 모으면 건물은 물론이고 용기, 기구 등을 함께 쓸 수 있습니다. 건물을 예로 들면, 어차피 임대료를 내야 한다면 한곳에 모여 일하도록 하는 것이 각각 건물을 구하는 경우보다 이득이죠. 물론 20명이 들어가는 작업장은 두 명이 들어가는 작업장보다 커야 하니까 건물 하나 기준으로는 임대료가 높을 겁니다. 하지만 두 명씩 열 개의 작업장을 구하는 것보다 20명이 들어가는 한 작업장을 구하는 것이 비용이 덜 들겠지요.

건물에만 해당하는 이야기가 아닙니다. 전등이나 환풍기 등의 설비도 그렇고 작업도구도 그렇지요. 공유하면 비용이 줄어듭니다. 이용 효율을 높이는 셈인데요. 이용 효율을 높였다고 임대료를 더 내야 한다거나 추가 비용을 치러야 하는 건 아닙니다. 생산수단의 교환가치는 그것을 알뜰하게 사용한다고 해서 변하는 게 아니니까요.

그런데 생산과정을 가치증식과정이라는 면에서 보면 생산수단의 이러한 절약은 또 다른 의미가 있습니다. 생산수단을 알뜰하게 사용했다는 것은 생산물로 이전되는 생산수단의 가치량이 그만큼 작아진다는 뜻입니다. 동일한 양의 생산물을 만드는 데 생산수단이 덜 들어갔다는 뜻이지요. 생산물 하나로 이전된 생산수단의 가치가 줄어든 겁니다. 그렇다면 생산물의 가치도 그만큼 하락하겠지요. 소규모 장인들이 소수의 노동자들을 고용해서 일할 때는 이 효과가 크지 않을지 모르지만 노동자들의 대규모 고용이 전체 사회에 일반화된 경우에는 효과가 클 겁니다. 설령 노동생산력에 변함이 없더라도 '함께'의 효과가 나타납니다.

이 효과를 두 가지로 나누어 고찰할 수 있는데요.[김, 443; 강, 453] 하나는 우리가 지금 다루는 '상대적 잉여가치'의 생산과 관련됩니다. 생산수단 절약은 상품들의 가치를 떨어뜨립니다. 노동자들의 생활수단의 가치가 떨어지면 노동력의 가치도 떨어질 테고요, 그러면 앞서 살펴본 것처럼 상대적 잉여가치가 생산됩니다.

다른 하나는 '이윤율'과 관계된 것인데요. 생산수단은 불변자본입니다. 생산수단을 절약했다는 것은 총투하자본을 그만큼 아낄 수 있다는 뜻이지요. 이윤율은 총투하자본에 대한 잉여가치의 비율[$m/(c+v)$]인데, 설령 잉여가치가 변하지 않는다 해도 생산수단을 절약하면 불변자본을 줄이는 셈이니 이윤율을 높입니다. 이윤율이 높아졌다는 것은 같은 돈을 투자해 더 많은 돈을 벌 수 있다는 뜻입니다. 자본가한테는 아주 중요한 이야기지요.

그러나 생산수단 절약을 통한 이윤율 상승은 여기서 다룰 주제가 아닙니다. 이에 대해서는 『자본』 III권의 제1편에서 다룹니다. 마르크스는 독자들이 답답해할 것이라는 점을 알고 있습니다. '생산수단의 절약'이라는 하나의 연구 대상을 둘로 나누어 하나는 지금 다루고, 다른 하나는 차후 III권에서 다룬다는 게 부자연스럽게 느껴질 수 있겠지요. 기왕에 이야기를 꺼냈으니 두 주제를 모두 설명하면 좋을 텐데 말입니다.

하지만 마르크스는 두 주제가 완전히 다른 것이며 이윤율 상승은 나중에 다루어야 한다고 말합니다. 그가 두 주제를 엄격히 분리하고 논의 순서를 멀찌감치 떨어뜨려놓는 데는 중요한 이유가 있습니다. 『자본』 I권은 가치의 생산, 특히 잉여가치의 생산을 다루고 있습니다. 가치(와 잉여가치)가 노동력의 사용에서 나온다는 점을 분명히 하고 있지요. 절대적 잉여가치는 노동력 사용의 외연적 확장, 즉 노동력의 사용 시간을 늘림으로써 얻는 것이고, 상대적 잉여가치는 노동력 사용의 내포적 강화, 즉 노동력의 강도를 높임으로써(노동의 생산력을 증대함으로써) 노동력의 가치를 떨어뜨려 얻는 것입니다.

공동의 노동을 통한 생산수단의 절약이 곧바로 노동력의 강도와 연관되는 것은 아닙니다. 다만 노동력의 가치 하락과 관련될 수는 있지요. 그래서 그 부분은 상대적 잉여가치의 생산과 관련해 여기서 이야기하는 게 적절합니다. 그러나 이윤율 상승 문제는 다릅니다. 앞에서 나는 마르크스가 특별 잉여가치에 대해 생산성 향상으로 비용을 줄였다는 식으로 말하지 않고, 노동생산력 증대가 어떻게 그리고 얼마나 잉여가치량을 늘리는지를 일일이 계산했음을 언급했습니다. 그 까닭에 대해서는 이렇게 말했지요. 단지 자본이 비용을 줄여서 이윤을 낳았다고 하면 이윤(잉여가치)이 자본의 신비한 힘에 의해 만들어진 것처럼 보이게 된다고요. 이윤율에는 이런 문제가 있습니다. 이윤율은 총투하자본에 대한 이윤의 비율이다 보니 자본가가 투자한 자본이 이윤을 낳는다는 환상을 심어주죠. '노동의 생산력'이 아니라 '자본의 생산력'에서 이윤이 생겨난 것처럼 보이고 맙니다.

생산수단 절약은 특히 그렇게 보일 수 있습니다. 자본주의에서 생산수단은 자본가의 것이니까요. 생산수단은 노동자와는 무관한 것으로 나타납니다(『생명을 짜 넣는 노동』, 69쪽). 생산수단 절약을 통한 이윤의 증대는 노동생산력과는 무관한 문제, 노동자의 역량이 아니라 자본가의 역량이 발휘되는 문제로 보입니다.[김, 443; 강, 453]

마르크스는 이것이 전도된 이미지라는 것을 지적해두고 싶었던 것 같습니다. 즉 생산수단 절약을 통한 이윤의 증대가 자본의 신비한 생산력에서 나온 게 아니고 노동력의 가치 하락을 통한 상대적 잉여가치의 생산과 관련된 것이라고요. 이것이 어떻게 사람들 눈에 비용 절감과 이윤율 상승으로 나타나는지에 대해서는 지금까지 논의한 수준에서는 충분히 해명할 수 없으니 논의를 더 전개한 뒤 다루는 편이 옳다고 본 것이지요.

처음에는 간단한 이야기였는데 상대적 잉여가치니 이윤율이니 하면서 좀 복잡한 논의가 되고 말았습니다. 한곳에 모여서 일하면 생산수단을 절약할 수 있다는 건 실은 그리 어려운 이야기가 아닙니다. 자본가가 이를 통해 이익을 본다는 것도 쉽게 이해가 가고요. 그런데 논의가 왜 이렇게 복잡해졌는가. 마르크스가 우리에게 익숙한 방식으로 설명하지 않았기 때문이지요. 그는 노동자들을 함께 일하게 함으로써 자본가가 생산수단을 아꼈고 그것으로 이득을 보았다는 식으로 설명하지 않았습니다. 그 대신 생산수단 절약이 노동력의 가치하락으로 이어졌고 이것이 상대적 잉여가치를 낳았다고 했습니다. 그리고 생산수단 절약이 총투하자본에 대한 잉여가치의 비율 즉 이윤율을 변동시킨 것과 관련해서는 나중에 따로 이야기하겠다고 했지요.

나는 이 불편하고 복잡한 설명 방식에서 다시금 마르크스를 느낍니다. 자본가의 이윤 즉 잉여가치의 생산을 결코 자본의 신비한 힘으로 설명하지 않겠다는 그의 의지를 엿볼 수 있습니다. 생산수단 절약은 노동자와는 아무 상관도 없어 보이지만 그렇지 않다는 것을 여기서 일단 지적해두고, 서술의 순서를 밟아서 결국에는 자본의 생산력의 정체, 자본의 모든 이윤의 원천을 철저히 밝혀내겠다는 것이겠지요.

○ '함께'의 효과 ③—추가 생산력의 창출

사람들이 모여서 함께 일하는 것을 '협업'(Kooperation)이라고 합니다. 똑같은 일을 하든 서로 다르지만 연관된 일을 하든 상관없습니다. 힘을 합쳐 함께 생산물을 만들어내는 걸 모두 협업이라고 부릅니다. 그런데 이렇게 힘을 합치면 노동생산력이 늘어납니다. '함께' 일할 때 나타나는 세 번째 효과인데요. 앞서 말한 생산수단 절약이 협업의 소극적 효과였다면 이것은 적극적 효과라고 할 수 있을 것 같습니다. 실제로 노동생산력을 증대시키니까요.

우선, '함께' 하면 혼자서는 가질 수 없는 힘이 생겨납니다. 마르크스는 군대에 비유했는데요.[김, 444; 강, 454] 기병 1개 중대나 보병 1개 연대의 공격력 및 방어력은 기병 1기나 보병 1명의 공격력 및 방어력을 합친 것과는 다르다는 거죠. 어느 정도 규모가 되면 소위 '작전'이라는 게 가능합니다. 그게 아니어도 힘을 합치면 혼자서는 쓸 수 없는 거대 무기를 쓸 수 있습니다. 칼이나 활, 창 같은 개인 무기만이 아니라 거대한 투석기를 쓸 수도 있지요.

노동도 마찬가지입니다. '결합노동'(kombinierten Arbeit)은 개인 노동의 단순한 합계가 아닙니다. 개인 노동자가 할 수 없는 일을 노동자 집단은 할 수가 있습니다. 한 사람이 천 번 시도해도 할 수 없는 일을 천 사람이 한 번에 해결할 수 있지요. 이를테면 무거운 물건을 들어 올리거나 거대 크랭크 장치를 돌릴 수 있습니다.[김, 444; 강, 454]

노동의 대상이 가진 크기 자체가 개인을 넘어서는 경우도 많습니다. 토목공사가 그런 경우인데요. 이를테면 개인이 운하 건설을 감당할 수는 없습니다. 감당은커녕 노동대상에 아무런 영향도 미칠 수 없지요.[김, 448; 강, 457] 이때는 거인이 필요합니다. 바다에 발을 딛고 육지의 한 부분을 덜어낼 수 있는 힘을 가진 거인 말입니다. 다수 노동자의 결합노동은 그런 거인의 힘을 창출합니다. 노동의 범위를 개인이 미칠 수 없는 곳까지 확장하는 것이지요.

또한 '함께' 하면 개인의 힘도 더 크게 발휘됩니다. 정서적 자극이 일어나기 때문인데요. '함께' 하면 '활기'가 생겨나고 때로는 '경쟁심'까지 솟구치죠.[김, 444; 강, 454] 그래서 12명이 12시간씩 '따로' 일한 것보다 12명이 12시간을 '함께' 일했을 때 생산량이 많습니다.

'함께' 일했을 때 생산력이 증대하는 이유는 또 있습니다. 모두가 똑같은 일을 할 때도 작업을 더 작게 나누면 생산량이 늘어납니다. 작업을 분해하면 움직임의 크기나 이동해야 하는 거리를 줄일 수 있거든요. 높은 곳으로 벽돌을 나르는 일이 있다고 해봅시다. 저마다 벽돌을 들고 나르는 것보다 쭉 늘어선 뒤 한 사람이 곁의 사람에게 전달하는 게 더 효율적입니다. 전체 경로를 모두가 왕복했을 때보다 이웃한 사람에게 전달했을 때 노동자들의 이동거리 합계가 훨씬 작을 겁니다. 전체 이동거리 합계가 줄었다는 것은 동일한 시간에 더 많은 벽돌이 이동한다는 이야기죠. 한마디로 작업속도가 빨라진다는 뜻입니다. '함께' 하는 노동은 이처럼 공간 축소의 효과를 냅니다.

협업은 공간적 효과만이 아니라 시간적 효과도 냅니다. 각기 다르지만 긴밀히 연관된 노동들로 구성된 공정을 떠올려봅시다. 방금 벽돌 나르기에 대해 말했으니 계속해서 건축 현장을 예로 들어 말해보겠습니다. 만약 혼자 건물을 짓는다면 골조를 세우고 콘크리트 반죽을 하고 벽돌을 날라 쌓은 뒤 콘크리트 반죽을 바르면서 벽을 만들어야 할 겁니다. 순서대로 하나씩 해야겠지요. 하지만 일할 노동자가 많다면 이럴 필요가 없습니다. 누군가는 벽돌을 나르고 누군가는 그 벽돌로 벽을 쌓을 수 있습니다. 실제로 건축 현장에서는 많은 일이 동시에 진행되지요. 이처럼 여러 사람이 일을 나눠 동시에 수행하는 것이 일을 순차적으로 수행하는 것보다 효율적입니다. [김, 445~446; 강, 455~456]

방금 똑같은 노동을 여러 '부분노동'으로 나누어 수행하는 경우와 상호 연계된 노동들을 동시에 진행하는 경우를 살펴보았는데요. 이 두 가지는 단순협업의 형태들입니다만 잘 보아둘 필요가 있습니다. 나중에 협업이 좀 더 고도화되어 분업으로 발전할 때도 이것이 기본 형태가 되거든요. 애초 동일한 노동이었든 상이한 노동들이었든 상관없이, 분할된 형태로 하나를 이루게 하는 것, 이것이 자본주의가 본격화했을 때 작업장에서 전형적으로 나타난 작업방식입니다.

정리하자면 '결합노동'은 '개별노동'의 합계가 아닙니다. '함께'는 개인들의 산술적 합이 아니지요. '함께'에는 개인으로 분해하고 나면 사라지는 어떤 잉여의 것이 있습니다. 어떤 '초과'가 존재합니다. 결합노동은 개별노동이 가질 수 없는 힘을 창출합니다[잠재적 역량(Kraftpotenz)을 비약적으로 키워주죠]. 경쟁심과 활기를 불어넣어 노동자들로 하여금 더 큰 생산력을 발휘하도록 하고, 또 대규모 토목공사처럼 노동이 미치는 공간의 크기를 확장시키기도 하고, 릴레이식 벽돌 나르기에서 보았듯 생산규모에 비해 생산활동의 공간을 축소하기도 합니다(더 짧은 거리를 움직이며 더 많은 생산물을 만들어내지요). 작업을 분할해 동시에 진행함으로써 효율을 높이기도 하고요. 생산부문에 따라서는 결정적 시기에 많은 노동력을 집중 투입해야 하는 경우가 있는데(예컨대 농번기가 그렇죠), 그 일을 가능케도 합니다. 이렇게 하면 개인 노동자들로서는 불가능한 생산력이 발휘됩니다. 노동자들의 '함께'에서 발생한 생산력이지요.

마르크스는 이 '특수한 생산력'을 '노동의 사회적 생산력'(gesellschaftliche Produktivkraft der Arbeit) 혹은 '사회적 노동의 생산력'(Produktivkraft gesellschaftlicher Arbeit)이라고 부릅니다.[김, 448; 강, 458] 인간이 사회적 존재로서, 더불어 사는 존재로서 '함께' 일할 때 발휘되는 놀라운 힘입니다.

  ° 24개의 손을 가진 인간, 거인 노동자의 생산력

그런데 눈에 띄는 표현이 있습니다. '결합노동자'(kombinierte Arbeiter) 혹은 '전체노동자'(Gesamtarbeiter)라는 표현인데요. [김, 446; 강, 455] 마르크스는 노동의 결합을 노동자들의 결합으로, 즉 노동자들의 합체라는 시각에서 보고 있습니다. '결합노동'의 수행자로서 거대한 '결합노동자'를 상상하는 것이지요. 여기서 그는 실제로 '결합노동자'나 '전체노동자'를 단수형으로 썼습니다. 단지 노동자들의 무리를 지칭한 게 아니라 거대한 한 사람의 노동자를 떠올린 거죠. 거인 한 명이 일하는 겁니다.

『자본』의 영어판에서는 '함께 일하는 사람들로 이루어

진 하나의 신체'(a body of men working together)라고 옮겼는데요.[12] 신체가 하나라는 걸 잘 보여주는 번역입니다. 안타깝게도 독어판을 옮긴 강신준 번역본은 원문에 단수형 동사가 사용되었는데도 '결합노동자[또는 전체노동자]들'이라고 복수형으로 썼고, 영어판을 옮긴 김수행 번역본은 '노동자 집단'이라고 표현해 이런 뉘앙스를 전혀 살려내지 못했습니다.

그런데 이질적 개인들의 합체로 탄생한 거인은 매뉴팩처 시대(17~18세기) 국가나 사회의 기본 이미지였습니다. 이질적 다중(multitude)을 어떻게 한 사람, 한 인격체로 묶어내고 표상할 수 있는가. 우리가 〈북클럽『자본』〉 시리즈 2권에서 언급한 바 있는 홉스의 『리바이어던』 표지가 이를 잘 보여줍니다. 표지를 보면 산처럼 큰 거인이 군주의 형상을 하고서 서 있는데요. 자세히 보면 거인의 신체는 수많은 작은 인간들로 이루어져 있죠(『마르크스의 특별한 눈』, 116~117쪽; 『화폐라는 짐승』, 31쪽). 개별 인간들을 질료로 삼아 창조된 거인에 대해서는 뒤에 분업을 다룰 때 또 이야기하겠습니다.

마르크스가 이 거인 노동자를 어떻게 그리고 있는지 볼까요. 마르크스는 12명이 한 줄로 늘어서 벽돌을 나르는 모습을 24개의 손을 가진 거인이 일하는 것처럼 말합니다. 거인이라기보다는 손발이 많은 거대한 벌레 같습니다. 이 '전체노동자'는 두 개의 손으로 작업대를 일일이 오르내리는 개별 노동자와 다릅니다. 전체노동자는 작업대 전체에 몸을 걸친 채 24개의 손을 이용해, 손에서 손으로 벽돌을 옮기죠. 눈도 24개나 됩니다. 몸 앞뒤에 눈이 달린 것은 물론이고 옆에도 눈이 있습니다. 그래서 건물을 지을 때는 사방으로 손을 뻗어 여러 가지 일을 동시에 수행하기도 합니다. 이 거인 노동자의 하루 노동일은 무려 144시간에 이릅니다(12명 노동자의 결합노동일이죠).[김, 445~446; 강, 455~456]

앞서 말한 것처럼 이 거인 노동자는 똑같은 시간에, 12명의 노동자가 개별적으로 12시간 동안 생산하는 것보다 더 많은 것을 생산해냅니다. 둘 다 노동일 합계는 똑같이 144시간이지만 거인 노동자의 생산력이 훨씬 큽니다. 마르크스가 말한 '노동의 사회적 생산력' 혹은 '사회적 노동의 생산력'이지요. 거인 노동자의 생산력입니다. 그런데 마르크스가 여기서 다시 한번 흥미로운 이야기를 합니다. "다른 노동자들과 계획적으로 함께 일할 때 노동자는 자신의 개별적 한계를 벗어나 자신의 유적 능력(Gattungsvermögen)을 펼친다."[김, 449; 강, 458]

○ 협업과 인간의 '유적 능력'

내가 흥미롭다고 한 것은 '유적 능력'이라는 말 때문입니다. 이 말은 마르크스가 오래전에 썼던 '유적 존재'(유적 본질, Gattungswesen)라는 말을 연상시킵니다. 『경제학 철학 초고』(1844)에서 마르크스는 인간을 '유적 존재'라고 불렀습니다.[13] 철학 용어에 익숙하지 않은 사람들에게는 '유'(Gattung)라는 말이 어렵게 들릴 수도 있겠습니다. 일상어에서는 '유'

라는 말만 따로 떼서 쓰는 경우가 드물지요. '종류'(種類)라는 말은 많이 쓰지만 '종'과 '유'를 따로 떼서 말하는 경우는 많지 않습니다.

한자로 '종'은 씨앗을 의미하는데요. 씨앗들은 저마다 다르죠. 반면 '유'는 비슷한 것들이 모였다는 뜻입니다. '종'이 낱낱의 차이를 의미한다면 '유'는 비슷한 것들의 묶음입니다. '종'이 개별성을 뜻한다면 '유'는 일반성을 뜻하지요. 이를테면 동물을 7단계로 분류할 때(종-속-과-목-강-문-계), '종'의 상위 단계인 '속'을 독일어로 'Gattung', 영어로는 'genus'라고 합니다. 영어의 '특수한'(specific)이라는 단어가 '종'(species)에서 파생한 것이라면, '일반적'(general)이라는 단어는 '유'(속, genus)에서 파생한 것이죠. '종'이 특수성, 개별성과 관계한다면 '유'는 일반성, 보편성과 관계하지요. '종'이 원소라면 '유'는 집합이라 할 수 있습니다.

『경제학 철학 초고』에서 마르크스는 인간이란 자신이 속해 있는 집합 즉 '유'(類)도 실천과 사유의 대상으로 삼을 수 있다는 점에서 '유적 존재'라고 했습니다.[14] 말이 조금 어렵습니다만 풀어서 이야기하면 이런 겁니다. 인간은 모든 자연물을 이용하면서 생활합니다. 먹는 것, 입는 것을 온갖 식물, 동물, 광석, 공기, 빛 등에서 취하지요. 자연 전체가 인간의 삶을 위한 조건이자 수단입니다. 달리 말하면 자연 전체가 인간신체와 신진대사 작용을 하는 신체, 마르크스의 표현을 빌리면, '인간의 비유기적 신체'라고 할 수 있습니다. 생존만이 아닙니다. 자연 전체는 인간의 과학과 이론의 대상이고 예술의 대상입니다. 인간은 자연으로부터, 자연에 대해서, 자연을 이용해서 과학을 발전시키고 예술을 만듭니다. 이를 통해 자기 자신을 발전시키고 만들어나가지요.

이처럼 인간은 자연 전체와 관계하면서 생존하고 자기 자신을 가꾸고 변용해갑니다. 인간은 자연의 일부이면서 동시에 자연 전체와 관계하는 존재, 자연 전체를 생산하면서 자기 자신을 생산하고, 자연 전체를 인식하면서 자기 자신을 인식하는 존재입니다. 동물도 어느 정도는 그렇지만 실천적·이론적 관여 범위가 훨씬 넓다는 점에서 인간이 더욱 보편적입니다. 이것이 청년 마르크스가 생각한 유적 존재로서의 인간입니다.

그런데 자본주의사회에서 인간은 이런 유적 존재의 성격을 잃어버립니다. 인간은 개별적 한계를 넘어선 유적 존재이지만 자본주의에서는 이것이 개별적 생존을 위한 수단으로 축소됩니다. 실천이든 이론이든 간에 자연과 관계하는 모든 행위가 먹고사는 문제로 축소되는 것이죠. 오로지 생존만 따지고 상품성만 따지고 돈만 따지지요. 굶주린 사람에게는 빵의 향기나 촉감이 중요하지 않습니다. 그냥 배고픔을 해소할 먹거리일 뿐이지요. 탐욕에 빠진 사람에게는 귀금속의 빛깔이나 물리적 속성은 중요하지 않습니다.[15] 그냥 재산을 불려줄 재물일 뿐이거든요. 이런 게 소외입니다. 마르크스는 자본주의에서 소외된 노동의 매우 중요한 측면 중 하나가 바로 '유적 존재의 소외'라고 했습니다. 그에 따르면 '유적 존재'는 인간의 본질인데요. 그런 점에서 이것은 인간본질의 소외라고도 할 수 있습니다.[16]

　　참고로 앞서 24개의 손을 가진 거인 노동자 이야기를 했는데요. 비슷한 비유가 『경제학 철학 초고』에 나옵니다. 이번에는 '24개의 다리를 가진 사람'인데요. 개인적 한계를 넘어 어떤 전능성을 갖게 된 존재의 상징입니다. 그런데 그는 유적 능력의 실현이 아니라 그것의 소외를 나타냅니다. 인간은 자연의 온갖 사물들과 관계를 맺을 수 있는 유적 존재라고 했으나 자본주의의 사적 소유 아래서는 그럴 수가 없습니다. 소유할 수 없으면 향유할 수도 없습니다. 사물과의 관계가 제한되는 것이지요.

　　그런데 자본주의에서 인간을 대신해 인간존재의 유적 성격을 표현하는 것이 있습니다. 온갖 사물들과 관계를 맺을 수 있는 사물이 있지요. 바로 화폐입니다. 마르크스의 표현을 빌리자면 화폐는 인간과 인간이 갈망하는 사물 사이에 놓여 있는 '뚜쟁이'입니다.[17] 사물을 사랑하고 싶다면, 사물을 누리고 싶다면 먼저 이 뚜쟁이를 통해야 합니다. 사물을 갖고 싶다면 우선 돈을 가져야 합니다. 인간은 힘이 없지만 돈은 힘이 있고, 인간은 무능하지만 돈은 전능합니다.

　　'24개의 다리를 가진 사람'은 이런 맥락에서 나옵니다. 나에게는 다리가 없을 수 있지만 돈을 가지면 다리가 있는 것과 같습니다. 그것도 두 개의 다리가 아니라 24개의 다리를 얻게 해주죠. 인간이 불구화되는 만큼 화폐는 전능화합니다. 마르크스는 괴테의 『파우스트』를 인용하는데요. "내가 육두마(六頭馬)의 돈을 지불할 수 있다면 그 말의 능력은 곧 나의 것이 아니겠는가? 나는 힘차게 뛰어가네, 나는 정상인일세. 마치 24개의 다리를 가진 사람처럼 말일세."[18]

마르크스의 생각에 인간은 다른 인간들은 물론이고 자연의 온갖 사물들과 관계할 수 있고 또 그것을 통해 새로운 감각, 새로운 능력을 일깨울 수 있습니다. 그런 능력이 인간에게 있습니다. 이것이 유적 존재라는 말이 의미하는 바입니다. 그런데 자본주의에서는 그런 자질이 제한될 뿐 아니라 뒤집혀 있지요. 인간이 아니라 돈이 그런 능력을 가진 존재로 나타납니다. "인간으로서 내가 할 수 없는 것…… 그것을 나는 화폐를 통해서 할 수" 있습니다. 화폐야말로 "모든 끈들의 끈"이고 "진정한 창조적 힘"입니다.[19] 신과 같습니다. 일종의 물신이죠. 본래는 능력이 인간에게 있었는데 자본주의적 현실에서 인간은 무력하고 돈이 전능합니다. 완전한 전도지요.

본래 '유적 존재'는 루트비히 포이어바흐(L. Feurbach)가 썼던 말입니다. 그는 인간이란 개별적 의식만이 아니라 자신의 '유'에 대한 인식을 가진 보편적 존재라고 했습니다. 그에 따르면 보편적 존재로서 인간의 유적 본질이 하나의 대상으로, 그것도 하나의 인격으로서 나타난 것이 '신'입니다. 인간이 자신의 유적 본질을 외부의 인격과 동일시한 결과입니다. 정작 보편 존재인 것은 인간 자신인데도 외부에 그런 존재가 따로 있다고 상상하는 거죠. 그리고 그 존재를 신이라고 부르는 겁니다. 성경에서는 신이 자신의 형상을 따라 인간을 빚었다고 했는데요. 실은 그 반대이지요. 신이 인간의 창조주인 게 아니라 인간이 신의 창조주인 겁니다.

청년 마르크스는 포이어바흐의 '유적 존재'라는 개념에 매혹된 것 같습니다. 사실 『경제학 철학 초고』를 집필하기 한두 해 전에 쓴 『헤겔 법철학 비판』에서도 그는 이 개념을 언급했습니다. 이 책에서 마르크스는 군주제를 비판하고 민주제(민주주의)를 옹호했는데요. 군주제와 민주제의 관계를 포이어바흐가 말한 신과 인간의 관계처럼 생각했습니다. 신이 유적 존재로서 인간의 소외된 형태이듯 군주제는 유적 체제인 민주제의 소외된 형태입니다. 군주가 행사하는 주권이란 실상은 민중이 가진 힘인데요. 마치 군주라는 특정한 인격체가 그런 힘을 가진 것처럼 민중 바깥에 서 있는 겁니다. 군주가 민중의 힘 덕분에 존재함에도, 소외된 체제인 군주제에서는 민중이 군주의 힘 덕분에 존재하는 것처럼 보이지요(이것이 『법철학』에서 헤겔이 빠진 환각입니다).[20] '종'의 차원에서는 여러 정치체제가 존재합니다. 군주제, 귀족제, 민주제. 그러나 민주제는 하나의 '종'인 동시에 '유'이기도 합니다. 왜냐하면 모든 정치체제는 민중의 힘에 근거하고 있으니까요.[21] 다만 그 힘을 군주가 행사하느냐, 귀족이 행사하느냐, 민중 자신이 행사하느냐만 다를 뿐입니다. 그러므로 민주제는 정치체의 하나이면서 동시에 모든 정치체의 진리이기도 합니다.

하지만 이런 주장을 편 지 얼마 지나지 않아 마르크스는 '유적 존재'(유적 본질)라는 개념을 버립니다. 『경제학 철학 초고』를 쓴 지 채 1년도 되지 않았을 때죠. 그는 1845년 「포이어바흐에 관하여」ad Feurbach라는 짧은 메모를 작성했는데, 여기서 포이어바흐의 유적 존재 개념을 비판합니다.[22] 그는 인간의 본질에 대한 포이어바흐의 생각이 사회성과 역사성이 전혀 없는, 매우 추상적이고 형이상학적인 인간관에 기초하고 있음을 지적했습니다. 포이어바흐는 단지 개별 인간들을 묶어 추상한 뒤 하나의 '유'로서 파악하지요. 모든 인간이 역사적으로 매우 특정한 사회형태에 속해 있다는 점을 생각하지 않았습니다. 인간이 역사적으로 또 사회적으로 얼마나 달라지는지를 생각하지 않은 겁니다.

포이어바흐는 '본래 인간이란 이런 존재인데'라는 식으로 말했지만 그런 '본래적 인간'은 어디에도 존재하지 않습니다. 모든 인간들은 저마다 특정한 사회형태에 속해 있습니다. 그에 따라 다른 규정을 받고 다른 형태의 억압을 받고 다른 형태의 자유를 꿈꿉니다. 이를테면 고대 노예의 해방과 근대 노동자의 해방은 의미도 다르고 형태도 다릅니다. 신분제에서 벗어나는 것과 노동력의 상품화에서 벗어나는 것은 전혀 다른 문제이지요. '본래 인간은 이런데' 하는 식으로는 문제를 전혀 이해할 수 없습니다. 이렇게 해서 마르크스는 '유적 존재'라는 형이상학적 개념을 떠납니다.

그런데 마르크스에게서 사라졌던 '유적 존재'(유적 본질)

라는 단어를 연상시키는 단어가 『자본』에 나타난 겁니다. 언뜻 드러난 의미도 비슷합니다. '다른 노동자들과 계획적으로 함께 일할 때'(im planmäßigen Zusammenwirken mit andern) 노동자는 '자신의 개별적 한계(individuellen Schranken)를 벗어던지고(abstreifen)' '유적 능력'을 발휘한다고 했습니다. 개인으로서가 아니라 유적 존재로서 능력을 발휘한다는 뜻으로 보입니다.

　게다가 '계획적'으로 일한다고 했는데요. 이 단어는 우리가 이 시리즈 5권에서 중요하게 다루었던 '인간노동의 합목적성' 개념을 떠올리게 합니다. 나는 그때 인간의 이러한 자질이 자본주의적 생산에서는 단점으로, 슬픔의 원인이 된다고 했습니다(『생명을 짜 넣는 노동』, 30~31쪽). 말하자면 '소외'의 원인이라고 했지요. 꿀벌과 달리 인간은 '계획'에 따라 일할 수 있는데요. 이 자질은 노동자가 자신의 본성에 맞지 않음에도 '자본가의 통제'에 따라 일하는 것을 가능케 한다고 했습니다(이 때문에 '노동력'은 상품이 될 수 있었습니다).

　시리즈 5권에서도 말했지만, 다른 존재들과 관계를 맺고 협력하며 이를 통해 개인의 제한된 능력을 넘어설 수 있는 것은 훌륭한 자질입니다. 게다가 인간은 그것을 본능이 아니라 의식적으로, 능동적으로 수행할 수 있습니다. 우리는 우연이나 본능이 아니라 계획을 세워서, 의식적으로 또 적극적으로, 다른 존재들과 협력할 수 있습니다. 그리고 이 협력을 통해 혼자일 때는 불가능했던 힘을 발휘할 수가 있습니다. 정말 대단한 자질 아닙니까.

　마르크스는 자본주의적 생산의 협업을 말하려 할 때 자연스레 '유적 존재의 소외'라는, 젊은 시절에 했던 생각을 떠올렸을 겁니다. 인간의 중요한 자질이 오히려 인간의 착취에 이용된다는 생각을 했겠지요. 노동과정을 다룰 때도 그는 이미 '합목적성'에 대해 비슷한 지적을 한 바 있습니다. 하지만 포이어바흐적 인간 개념으로 돌아갈 생각은 없었을 겁니다. 그는 본래적 인간, 비역사적 인간의 형이상학적 본질 같은 것을 더는 믿고 있지 않았으니까요.

　나는 마르크스가 단어를 살짝 바꾼 이유가 여기 있지 않을까 생각합니다. 그는 'Gattungswesen'이라고 쓰지 않고 'Gattungsmögen'이라고 썼습니다. 'Wesen'은 '본질'이라는 뜻인데요. 이 단어를 버린 겁니다. 그 대신 잠재적 능력을 뜻하는 'mögen'을 썼습니다. 기억하는지 모르겠습니다만, 마르크스는 화폐자산가와 노동력소유자가 처음 만나는 장면에서 '노동능력'(Arbeitsvermögen)이라는 말을 썼지요(『성부와 성자』, 109쪽). 노동자가 자본주의 생산양식 속으로 막 들어가던 장면인데요. 인간의 '노동능력'이 '노동력'(Arbeitskraft)으로 바뀌던 시점이죠. 이처럼 'mögen'은 상품으로 판매되기 이전의 인간이 지닌 잠재적 능력을 지칭한다고 볼 수 있습니다(『성부와 성자』, 163~170쪽).

　내 추론이 맞는다면 마르크스는 '유적 능력'이라는 말을 아주 세심하게 선택한 셈입니다. 협업, 더 엄밀히 하자면, 협업을 통해 표현된 인간의 '유적 능력'은 마치 '노동력'으로의 전환을 앞둔 '노동능력'처럼 자본주의적 생산에 고유한 작업형태로의 전환을 앞둔(그러나 자본주의가 아니라면 다른 식으로 그 역량을 발휘할) 인간노동의 어떤 자질이라 할 수 있습니다. 자본주의는 노동의 생산력을 끌어올리기 위해 다양한 협력적 작업형태를 발전시키는데요. 그 바탕에 인간의 유적 능력이 있는 것입니다.

　매뉴팩처의 분업이나 대공장의 기계제 생산도 이 점에서는 차이가 없습니다. 그 기본 형태는 '협업'이라 할 수 있어요. 모두가 협업을 다른 형태로 발전시킨 것에 불과합니다. 그래서 마르크스는 이렇게 말하지 않았나 싶습니다. "협업의 단순한 형태가 한층 더 발전한 다른 형태들과 나란히 특수한 형태로 나타난다 하더라도, 협업은 언제나 자본주의적 생산양식의 기본 형태를 이룬다."[김, 457; 강, 465]

◦ 지휘자로서 자본가

다시 자본주의적 생산으로 돌아가야겠지요. 인간의 어떤 자질이 어떤 의미를 가질지는 사회형태를 벗어나서는 논할 수 없으니까요. 사람들은 어느 시대나 '함께' 일하지만 우리가 협업을 이야기하는 장소는 자본주의 작업장입니다.

　작업장에 사람들이 모여 있습니다. 하지만 이들은 서로 모르는 사이입니다. 자본주의의 '함께'가 갖는 특징이지요. 전통적 생산 공동체와는 다릅니다. 지금은 생산영역을 다루고 있습니다만 유통영역을 다룰 때도 비슷한 이야기를 한 적이 있습니다. 상품의 교환은 서로 타인인 관계를 전제한다고 말입니다(『화폐라는 짐승』, 32~38쪽). 공장에 모인 사람들은 함께 일하지만 서로 모르는 사이입니다. 게다가 자신의 의지로 모인 사람들도 아닙니다. 이들을 한데 모은 것은 자본가입니다. 자본가가 동시에 고용했기 때문에 함께 있는 것이지요. 이들을 하나로 묶어주는 공통성은 자본가의 동일성, 자본의 동일성입니다.[김, 449; 강, 458]

그런데 이렇게 많은 사람들을 동시에 고용하려면 돈이 많이 들 겁니다. 모두에게 생활수단을 제공할 수 있어야 하니까요. 협업의 규모는 자본의 규모에 달렸습니다. 이는 노동력에만 해당하는 게 아닙니다. 생산과정은 생산수단을 소비하는 과정이기도 합니다. 노동자들을 많이 고용한다는 건 생산수단 역시 그만큼 공급되어야 한다는 뜻입니다. 가변자본만큼이나 불변자본도 커진다는 이야기지요.[김, 449; 강, 459] 앞서 '함께'의 첫 번째 효과를 이야기하며 역사적 자본주의는 화폐자산가가 상당한 규모의 돈을 생산에 투자할 수 있을 때 시작된다고 했는데, 이런 맥락에서 한 말입니다.

노동자들이 협업을 하면 추가 생산력이 나온다고 했는데요. 이는 말하자면 다수의 난쟁이 노동자들이 사라지고 한 사람의 거인 노동자가 출현하는 것입니다. 추가 생산력의 크기는 이 거인 노동자가 얼마나 온전한 형태로 출현하느냐, 즉 노동자들이 얼마나 유기적으로 결합하느냐에 좌우됩니다.

마치 단체 줄다리기를 할 때와 같습니다. 줄다리기의 승패는 어느 쪽이 '줄을 당기는 거인'을 더 신속하고 온전하게 만들어내느냐에 있지요. 이 거인은 줄을 붙들고 당기고 있는 사람들보다는 줄 바깥에 있는 사람들에게 잘 보입니다. 물론 줄을 직접 당기고 있는 사람들도 어느 정도는 느낍니다. 모두의 리듬이 잘 맞아 떨어지는 순간 실제로 거인의 팔로 당긴다는 느낌이 들거든요. 독립적이고 개별적이며 분산된 힘들이 하나로 모이는 어떤 순간을 실감하기도 합니다. 하지만 누군가 바깥에서 깃발을 흔들어주면 리듬을 맞추는 게 한결 쉬워집니다. 깃발의 움직임이 화학반응의 촉매처럼 개인들이 거인으로 돌변하는 과정을 돕습니다.

줄다리기만 그런 게 아닙니다. 연주도 그렇지요. 독주는 혼자 알아서 하면 되지만 합주는 연주자들이 호흡을 맞추어야 합니다. 비교적 작은 규모의 실내악에서는 제1바이올린 연주자가 눈짓을 합니다. 그러나 오케스트라 규모가 되면 별도의 지휘자가 있지요. 이 지휘자는 연주자가 아닙니다. 줄다리기에서 깃발을 휘두르는 사람과 같습니다. 그는 거인의 일부가 아닙니다. 다만 신호를 보내면서 거인 연주자의 출현을 도울 뿐이죠. 그가 보내는 신호를 따라 연주하다 보면 금세 여러 가지 악기를 동시에 다루는 '24개의 손'을 가진 거인 연주자가 나타납니다.

자본주의 공장의 협업도 마찬가지입니다. 협업의 규모가 커지면 별도의 지휘자가 필요합니다. 길드의 장인은 그 자신도 일하는 사람입니다만 자본가는 육체노동을 하지 않습니다.[김, 452; 강, 461] 오케스트라의 지휘자가 직접 연주하지 않는 것처럼 말이지요. 자본가는 전적으로 지휘자 역할만 맡습니다.[김, 450; 강, 459~460] 사실 『자본』 제5장(영어판은 제7장)에서도 자본가의 지휘 및 통제에 대한 언급이 있는데요(『생명을 짜 넣는 노동』, 56~59쪽). 지금 말하고자 하는 것과 그때 말한 것은 다릅니다. 뉘앙스의 차이가 있습니다. 그때는 '자본가의 통제'라는 말을 '노동자 자신의 통제'라는 말과 대비해 썼습니다. 자본주의에서는 일하는 사람이 자신의 노동과정을 통제하는 게 아니라 자본가가 통제한다고 말이지요. 노동하는 주체와 노동을 통제하는 주체가 다른 거죠. 자본주의에서 노동과정은 자본가가 구매한 상품(노동력)의 소비과정이기 때문에, 노동자는 자신의 의지가 아니라 자본가의 명령을 따라야 합니다. 그러므로 제5장에서 말한 노동과정에 대한 자본가의 지휘 및 통제는 자본주의에서 노동자는 자본가를 위해 일한다는 사실을 확인한 것에 지나지 않습니다.

그런데 지금은 자본가가 생산의 지휘자로서, 마치 오케스트라의 지휘자나 전쟁터의 장군처럼, 어떤 적극적 기능을 수행하는 것처럼 말하고 있습니다. 자본가의 지휘가 생산력을 발휘하는 데 '필수적인 것'처럼 말이지요. 하지만 유의할 게 있습니다. 자본가의 지휘는 생산과정에 필수적인 것으로 나타날 때조차 직접 생산력을 구성하는 것은 아닙니다. 자본가의 지휘는 노동자들로 하여금 생산력을 더 크게 발휘하도록 하는 요인일 뿐입니다. 이는 줄다리기를 할 때 깃발을 휘두르는 사람이 줄을 직접 당기지는 않는 것과 같지요. 그는 다만 줄을 당기는 사람들이 더 큰 힘을 발휘하도록, 더 큰 힘을 구성하도록 도울 뿐입니다.

사실 이런 지휘 기능은 자본주의 작업장이 아닌 경우에도 나타납니다. 고대 토목공사 현장에도 지휘자들이 있었습니다. 아니, 고대까지 갈 것도 없이 우리의 일상에서도 이런 일은 많습니다. 마을 잔치를 벌일 때도 규모가 커지면 전체 일을 총괄하는 사람 내지 집단이 필요할 수 있습니다.

그렇다면 자본주의적 지휘의 독특함은 어디에 있을까요. 자본가는 어떤 점에서 오케스트라 지휘자와 다를까요. 마르크스의 어법을 흉내 내자면 이렇게 말할 수 있을 겁니다. 협업은 협업이고 지휘는 지휘다. 그런데 협업이 자본주의적 협업이 되고 이때의 지휘가 자본가의 지휘가 되면 무언가 크게 달라진다. 실은 노동 일반이 그렇지요. 태곳적부터 인간은 땀 흘리며 일해왔습니다. 하지만 노예감시인의 채찍 아래서 일하는 것과 자본가의 감시 아래서 일하는 것은 본질적으로 다릅니다. 노예와 노동자는 똑같은 일을 해도 전혀 다른 존재입니다. 이들이 만들어내는 물건의 성격도 크게 다르고요. 노예의 노동은 물건(사용가치)을 만들어내기는 하지만 가치(그리고 잉여가치)를 만들어내지는 않습니다. 협업에 대해서도 같은 말을 할 수 있습니다. 협업은 어디서나 노동생산력을 증대시킵니다만 어디서나 잉여가치를 생산하는 것은 아닙니다. 협업으로 더 많은 잉여가치를 생산하는 것은 자본주의적 생산양식 아래서 협업이 이뤄질 때입니다.

그렇다면 자본가가 생산과정을 지휘한다는 것은 어떤 의미일까요. 만약 줄다리기에서 깃발을 휘두르는 사람의 목적이 줄을 당기는 사람들로부터 힘을 최대한 빼내 가기 위해서라면 아주 이상하게 들릴 겁니다. 더 많은 힘을 발휘하게 하는 이유가 더 많은 힘을 뽑아 가려는 것이라고 한다면 말입니다. 그런데 자본주의에서는 이상한 말이 아닙니다. 능력을 발휘하는 주체가 능력을 빨리는 대상이기도 하니까요. 자본가가 노동자들로 하여금 최대한의 능력을 발휘하게 하는 이유는 노동자들로부터 능력을 최대한 뽑아 가기 위해서입니다.[김, 450~451; 강, 460]

가축에 비유하자면 이런 겁니다. 산란계 양계장에서는 생산수단을 아끼고 생산력(산란능력)을 극대화하기 위해 좁은 케이지 안에 암탉들을 밀어 넣고 24시간 내내 백열등을 켜놓습니다. 그런데 이 백열등을 적색 LED등으로 교체하면 암탉의 생산력(산란능력)이 8퍼센트가량 늘어난답니다. 전기에너지(생산수단) 소비를 80퍼센트 정도 절감하면서요. 300평의 공간에 5만 마리를 키우는 곳이라면 연간 8000만 원 가까운 추가 수익을 얻을 수 있습니다.[23] 백열등을 적색 LED등으로 교체해주면 이처럼 암탉의 생산력이 늘어납니다만, 이 생산력의 증대가 암탉의 건강 증진을 의미하지는 않습니다. 24시간 내내 백열등을 켜놓는 것이 그렇듯 그 등을 LED등으로 교체한 것도 암탉을 위한 일이 아니지요. 등을 교체한 것은 암탉으로부터 더 많은 알을 빼앗기 위해서이고(생산력 증대), 근본적으로는 연간 8000만 원을 더 벌기 위해서입니다(잉여가치의 최대화). 요컨대 암탉의 능력을 최대로 끌어올리는 것은 암탉을 최대한 착취하기 위해서입니다.

　　노동생산력을 높이려는 자본가의 노력에서 두 가지 면모를 볼 수 있습니다. 생산과정에 대한 자본가의 지휘에는 이중성이 있지요. 한편으로 자본가는 일정 규모 이상의 협업에서 본성상 요청되는 기능을 수행합니다. 그는 오케스트라의 지휘자처럼 유기적 협업을 유도해 생산력을 증대합니다. 이것은 자본주의적 생산이 아니어도 필요한 기능이지요. 그런데 다른 한편으로 자본가는 여기가 자본주의이기 때문에 요청되는 기능을 수행합니다. 그는 노동자들을 끊임없이 지휘하고 감독하지 않으면 안 됩니다. 왜 그럴까요. 자본주의 협업의 목적은 최대한의 잉여가치 생산에 있으니까요. 달리 말하면 그는 노동자들한테서 최대한의 노동을 짜내야 합니다. 생산과정에 대한 지휘는 그가 착취자라는 사실 때문에 필요한 기능이기도 한 겁니다.[김, 451; 강, 460]

　　이 후자의 면모 때문에 자본가의 지휘와 감독은 억압성을 띨 수밖에 없습니다. 그리고 억압과 착취에는 저항이 따르기 마련이지요. 협업에서는 저항의 규모도 커집니다. 협업으로 탄생한 거인 노동자는 언제든 믿음직한 일꾼에서 무서운 투사로 돌변할 수 있습니다. 이것을 막으려면 평소 주도면밀한 관리가 필요하겠지요.

그래서 공장의 자본가는 한편으로는 지휘봉을 든 오케스트라 지휘자이지만 다른 한편으로는 진압봉을 든 경찰입니다. 그는 생산력을 증대하기 위해 노동자들을 이런저런 방식으로 조직하고 작업을 분배합니다. 그러나 동시에 노동자들이 게으름을 피우지는 않는지, 생산수단을 낭비하지는 않는지, 더 나아가 저항의 조짐을 보이지는 않는지 감시합니다.

물론 이 두 측면이 별개는 아닙니다. 노동자들을 조직하고 작업을 분배할 때도 자본가는 그 표정과 상관없이 전권을 가진 독재자입니다. 협업을 통해 더 큰 생산력을 발휘하는 것은 노동자들입니다만 노동자들을 그렇게 만드는 것은 전적으로 자본가의 계획과 의지, 힘입니다. 자본가는 생산과정의 모든 것을 잉여가치의 최대화에 맞춥니다. 이것을 위해 전권을 행사합니다. 그의 지휘는 내용과 상관없이 형태상으로는 언제나 '전제적'(despotisch)입니다.[김, 452; 강, 461] 그는 사회 전체에 대해서는 무정부주의자처럼 행동할 때가 많습니다만 공장에서는 그렇지 않습니다. 여기서는 어떤 무질서도 용납하지 않는 독재자입니다.

협업의 규모가 더 커지면 자본가 혼자서 생산과정을 지휘하고 감독할 수 없겠지요. 그는 통치를 보필할 사람들을 필요로 합니다. 마치 "군대에서 장교와 하사관을 두는 것처럼"[김, 452; 강, 461] 그는 노무관리를 맡을 사람들을 고용하지요. 자본가가 그랬듯이 이들도 직접적 노동으로부터 해방된 사람들입니다. 임금노동자이기는 한데 '생산노동'이 아니라 '감독노동'(Arbeit der Oberaufsicht)을 수행하는 사람들이지요.

노무관리자들의 감독노동은 과연 생산적인 노동일까요. 나중에 '생산적 노동'이라는 주제를 다룰 때(《북클럽『자본』》시리즈 9권) 이 문제를 자세히 이야기할 생각입니다만, 자본주의 생산양식 아래서 지휘와 감독이 갖는 성격을 드러내는 수준에서 약간 언급할 것이 있습니다. 마르크스는 감독노동에 대한 정치경제학자들의 이중적 태도를 꼬집었는데요.[김, 452; 강, 461] 이를테면 존 엘리엇 케언스(J. E. Cairnes)는 자영농이나 독립수공업자와 노예제에 입각한 식민지 농장을 비교하면서 감독노동을 일종의 '낭비'로 간주합니다. 자영농이나 독립수공업자의 경우에는 노동을 감독할 사람을 고용할 필요가 없습니다.[김, 452, 각주 16; 강, 461, 각주 21a] 그런데 식민지 농장에서는 노예들을 감시하고 감독할 사람을 별도의 비용을 들여 고용해야 합니다. 노예들은 가급적 일을 하지 않으려 할 것이고 도망칠 수도 있으니까요. 이 경우 감독노동은 식민지 농장의 착취적 성격 때문에 지출해야 하는 비용, 말하자면 체제의 성격 때문에 생겨난 '추가 지출 경비'(faux frais)라고 할 수 있지요.

그런데 식민지 농장의 감독노동을 불가피하지만 비생산적 지출로 보는 정치경제학자들도 자본주의 생산양식을 다룰 때는 다른 이야기를 합니다. 감독노동이 생산력 증대에 크게 기여한다는 것이지요. 불가피한 비용이라기보다 이윤 증대에 기여하는 생산적 노동으로 보는 겁니다. 마르크스는 자본주의적 생산양식을 다룰 때 이들 정치경제학자들이 "공동의(공동체적, gemeinschaftlichen) 노동과정의 본성에서 생겨나는 지휘 기능과, 노동과정의 자본주의적인 그래서 적대적 성격을 띠는 지휘 기능을 동일시한다"라고 지적했습니다.[김, 452; 강, 461]

　　감독노동이 생산력 증대에 기여하는 것은 협업의 본성에서 요청되는 기능을 수행할 때입니다. 그런데 이것은 자본주의 생산양식과는 무관한 것입니다. 자본주의 생산양식에서는 그 착취적 성격 때문에 감독노동에 낭비적 요소, 그러니까 다른 생산양식에서는 불필요할 수도 있는 요소가 들어갑니다. 정치경제학자들이 자본주의적 감독노동을 생산적으로 본 것은 이 두 가지를 뒤섞고 심지어 동일시하기 때문입니다{참고로 마르크스는 주석에서 제임스 스튜어트 밀(J. S. Mill)을 인용하는데요.[김, 452, 각주 17; 강, 461, 각주 22] 밀은 거대 매뉴팩처 기업이 가내수공업을 절멸시킨 비결은 노예노동, 즉 노동자들을 노예처럼 부린 것에 있다고 했습니다. 마르크스가 이 말을 인용한 것은 자본주의 공장의 감독노동이 식민지 농장의 경우와 다르지 않다는 말을 하고 싶어서겠지요}.

　　정리하자면 생산의 지휘자는 꼭 자본가가 아니어도 됩니다. 협업에 지휘자가 필요할 수는 있지만 그가 자본가일 필요는 없습니다. 그러나 자본주의에서 자본가는 자본가이기 때문에 생산의 지휘자가 됩니다. 마르크스의 말을 빌리자면 "자본가는 산업의 지휘자인 까닭에 자본가인 것이 아니라, 자본가이기 때문에 산업의 사령관이 되는 것"이지요.[김, 452~453; 강, 461~462]

  ° 위험한 진실─부르주아지가 원하지 않는 진실
'생산의 지휘자는 자본가가 아니어도 된다.' 잠시 기분 전환을 위해 이 말을 한번 음미해보죠. 자본가의 지휘, 자본주의적 감독노동이 없는 생산에 대해 말입니다. 이와 관련해 마르크스의 주석 하나가 눈에 띕니다.[김, 451, 각주 15; 강, 460, 각주 21] 1866년 5월 26일 자 영국 신문 『스펙테이터』*Spectator*에 실린 기사를 인용한 것인데요. 맨체스터의 어느 철사 제조회사에서 자본가와 노동자 공동출자제도를 도입했다고 합니다. 그랬더니 물자 낭비가 크게 줄었답니다. 노동자들도 투자를 했으니까요. 이 신문은 평소 노동자들이 자본가들의 재산인 물자를 얼마나 함부로 쓰는지를 보여주는 증거라도 잡은 듯 호들갑을 떱니다. 노동자들의 물자 낭비야말로 악성 채무 다음으로 사업에 큰 손실을 끼치는 요인이라고 말이지요. 평소 노동자들의 물자 낭비를 자본가가 엄격히 감시해야 할 필요가 있다는 거죠(사실 노동자가 생산수단의 절약에 무관심한 것은 자본주의에서는 이상할 게 없지요. 그것은 자본가의 소유물로서 노동자의 생명력을 빨아들이는 도구니까요).
  그런데 자본가와 노동자의 공동출자제도로 물자 낭비가 놀랄 만큼 줄었다고 흥분한 이 신문은 당시 영국에서 큰 성공을 거둔, 노동자들의 협동조합 실험에 대해서는 지독한 냉소를 보였습니다. 바로 '로치데일 협동조합'인데요. 이들의 활동이 근대 협동조합 운동의 시발점으로 평가받죠. 본래 이름은 '로치데일 공정 개척자 조합'(The Rochdale Society of Equitable Pioneers)으로, 로치데일은 랭커셔 지역의 공업도시입니다. 1844년 이곳 방직 노동자 수십 명이 일종의 소비자조합을 만들었습니다. 이전 책에서 빵 반죽에 돌가루를 넣은 런던의 불량 빵집 이야기를 한 적이 있는데요(『생명을 짜 넣는 노동』, 저자의 말). 사건이 불거진 건 1850년대이지만 그 전부터 만연한 문제였습니다. 문제는 그런 빵집에서 파는 빵만이 아니었지요. 식자재 자체가 불량인 경우가 많았죠. 빵집에서 반죽에 석회가루를 넣기 전에 이미 석회가루가 들어간 밀가루가 유통되고 있었으니까요. 게다가 유통업자들은 불량 식자재에 터무니없는 가격을 붙였습니다. 이런 상황에서 가난한 노동자들이 돈을 조금씩 긁어모아 만든 비영리 소비자조합이 로치데일 협동조합입니다. 조합에서는 밀가루나 버터 등 양질의 식자재를 저렴하게 구매한 뒤 조합원들에게 판매했습니다. 운영도 상당히 민주적이었습니다. 조합원 1인마다 1표를 행사하게 했고, 이용 실적에 따라 배당도 실시했습니다.

로치데일 협동조합이 성공을 거두자 영국 전역에 비슷한 조합이 많이 생겨났고, 위기의식을 느낀 기존의 도매업자들이 결탁해 이들을 방해했지요. 그러자 지역 협동조합들이 연대하여 1860년대에는 도매업 협동조합까지 만들었답니다.

나중에는 생산영역까지 진출해 일부 물품을 자체 생산하기도 했고요.

마르크스는 이 실험을 눈여겨보았던 것 같습니다. 1864년 작성한 인터내셔널 발기문에서도 '노동의 정치경제학'이 거둔 적극적 승리, 소위 '원칙의 승리'의 예로 협동조합의 실험을 꼽았으니까요. 그는 협동조합 운동에서 자본가가 통제하는 생산과는 다른 집단적 생산, 협력적 생산의 가능성을 보았습니다(『공포의 집』, 206~207쪽).

그런데 '영국의 속류 신문' 『스펙테이터』는 로치데일의 실험에 대해서는 이렇게 빈정댔습니다. "이들의 실험은 노동자들의 협동조합이 매점과 공장 그리고 거의 모든 형태의 산업을 성공적으로 관리할 수 있음을 보여주었으며 또한 노동자의 상태를 크게 개선하기도 했지만, 고용주들(masters)을 위해서는 어떤 빈자리도 남겨놓지 않았다." 세상에 고용주 즉 주인(masters)이 없는 생산이라니 말도 안 된다는 겁니다. 마르크스는 이 신문의 논조를 흉내 내며 주석 끄트머리에서 조롱했지요. 고용주들의 자리가 없다니, "이 얼마나 끔찍한 일인가!"

이 신문이 로치데일 협동조합의 실험을 끔찍하게 생각한 이유는 무엇일까요. 혹시 자본가란 없어도 되는 존재, 생산에 불필요한 존재일지 모른다는, 자본가들로서는 도저히 인정할 수 없는 진실이 드러났기 때문 아닐까요. 어쩌면 더 두려운 것은 자본가에 대한 진실이 아니라 노동자에 대한 진실인지도 모르겠습니다. 가진 것도 없고 배운 것도 없는, 그냥 시키는 일이나 겨우 해내는 가련한 노동자들이 사실은 생산과 유통을 관리할 수 있는 능력자들이라는 것 말입니다. 협동조합이 보여주는 정말로 위험한 진실은 그게 아닐까요. 노동자들이 자신의 능력을 깨닫는 날이 온다면 어떻게 될까요. 한발 더 나아가 자신들을 통치자로 그린다면, 다시 말해 그들 자신의 거번먼트를 상상한다면 어떻게 될까요. 그것이야말로 부르주아들로서는 끔찍한 일이겠지요.

　　참고로 마르크스는 파리코뮌 당시 프롤레타리아트가 저지른 가장 큰 범죄(부르주아지를 가장 끔찍하게 만든 범죄)가 어떤 것인지 짐작게 하는 말을 했습니다. "'타고난 상전들'인 유산자들의 통치 특권을 감히 침해하고 전례 없이 어려운 상황에서 자신들의 작업을 겸손하고 양심적이고 효과적으로 실행했을 때…… 그때 낡은 세계는 시청 위에 나부끼는 노동의 공화국의 상징인 붉은 깃발을 보고 분노의 경련을 일으켰다."[24] 시청 위에 나부끼는 붉은 깃발이 왜 부르주아들에게 경련을 일으켰냐고요? 그 깃발은 통치자로서 프롤레타리아트와 그의 거번먼트가 지금 여기 존재한다는 걸 말해주었으니까요.

◦ '함께'에 대한 배신

협동조합 이야기를 했으니 말인데, 사실은 기업도 애초에는 조합이고 공동체였습니다. 로치데일 협동조합은 영어로 'The Rochdale Society'인데요. '협동조합'이라고 옮긴 단어가 'Society'입니다. 우리가 통상 '사회'라고 옮기는 말이지요. 이 단어는 사교, 교제, 모임, 무리, 집회 등 여러 의미를 가지고 있습니다만 서구에서 오랫동안 '회사' 즉 기업을 가리키는 데 사용되었습니다. 중세에 대외교역과 환전 업무를 수행하던 기업을 '소키에타스'(societas)라고 불렀지요. 이 말은 일반적으로는 어떤 목적을 위해 뭉친 사람들을 가리켰지만 특히 상인들의 이익 결사체를 그렇게 불렀습니다. 이런 전통 때문에 프랑스어에서도 '소시에테'(société) 내지 '소시에테 드 코메르스'(商社, société de commerce)라는 말로 기업을 지칭합니다.

페르낭 브로델(F. Braudel)에 따르면 9~10세기 지중해 경제가 활발하게 돌아가고 이슬람 도시들과 거래가 열렸을 때 이런 상인 결사체가 많이 등장했는데,[25] 주로 원격지 교역에 필요한 막대한 자금을 조성하기 위해서였지요. 당시 상인들의 결사체를 '소키에타스 마리스'(societas maris)라고 했는데, 이름을 보면 해외무역을 위한 결사체라는 걸 알 수 있습니다. 이들 소키에타스 중 규모가 큰 것을 '콤파니아'(compagnia)라고 불렀는데, 영어의 '컴퍼니'(company)에 해당합니다. 동료라는 뜻도 있고 회사라는 뜻도 있지요. 글자 그대로는 '빵(panis)을 함께(com-) 나눈다'라는 뜻입니다. 삶의 공동체라는 겁니다. 브로델의 말을 빌리자면 콤파니아는 "빵이든 …… 위험이든 자본이든 노동이든 모든 것을 나누는" 결사체였지요. 주로는 가족과 친척으로 이루어진 일종의 가족기업이었습니다.[26]

그렇다면 오늘날의 자본주의 기업은 어떨까요. 자본가와 노동자는 공동체의 동료이며 빵을 함께 나누는 사람들일까요. 이전 책에서 이미 살펴본 대로, 마르크스는 『자본』 제8장에서 공장주들이 애용하는 독특한 표현 하나를 언급한 바 있습니다. 공장주들이 습관적으로 '우리'라는 말을 쓴다고 했지요(『공포의 집』, 76~77쪽). 어떤 때는 자본가 자신이 주어라는 게 분명함에도 '나'라는 말 대신, 옛날의 황제처럼 '우리'라는 말을 썼고요, 어떤 때는 노동자들만을 지칭하는 게 분명함에도 마치 자신도 거기 포함된 것처럼 '우리'라는 말을 쓴다고 했습니다. 노동자들로 하여금 기업을 운명 공동체로 느끼게 하려는 것이죠. 이는 기만입니다. 노동자와 자본가는 빵을 만들 때도, 그것을 나눌 때도 동료가 아닙니다. '생산과정'에 관한 한 자본가는 전권을 쥔 전제군주이고, 협업을 통해 생산된 초과분은 온전히 그의 것이니까요.

기업은 공동체이지만 공동체에 대한 배신이기도 합니다. 공장은 사람들이 '함께' 일하는 곳이지만 '함께'라는 말이 성립할 수 없는 곳입니다. 적어도 자본가와 노동자 사이에서는 그렇습니다. 마르크스가 자본가적 지휘의 이중성이라는 말로 지적했던 것이 바로 이것이지요. '함께'의 이유가 '착취'에 있는 한에서는 '함께'가 불가능합니다. 사회적 생산, 공동의 생산이 사적 소유를 위한 것인 한에서는 공동체가 성립할 수 없지요. 노동자들의 노동을 자본가가 구매한 상품의 소비과정으로 보는 한에서는 코뮌이 될 수 없습니다. 가축에게 사료를

주는 것과 동료와 빵을 나누는 것은 완전히 다른 겁니다.

마이클 하트(M. Hardt)와 안토니오 네그리(A. Negri)는 기업을 '공통적인 것의 부패한 형태'라고 불렀는데요(참고로 이들은 자본주의사회에서는 기업 외에도 '가족'과 '민족'이 그렇다고 했습니다).²⁷ 자본주의사회에서 기업은 "공통적인 것에 관여하고 사회적 생산적 협력을 위한 장소를 제공"하지만 동시에 "공통적인 것을 수탈"하고 "자본이 부과하는 위계와 통제를 통해 부패시키고 족쇄를 채우"기 때문입니다. '함께'를 제공하고 '함께' 생산하지만 또한 '함께'를 수탈한다고 할 수 있지요. 이것은 '함께'에 대한 배신이고 '함께'의 타락입니다.

『자본』 본문에서 마르크스는 자본가가 '함께'를 무상으로 취한다는 점을 지적하고 있습니다. 근대사회의 이념에 따르면 자유와 평등의 주체는 개인입니다. 시장에서 자본가와 노동자는 개인 대 개인으로 만납니다. 구매자인 자본가가 꺼내는 돈이 사유재산이듯이 판매자인 노동자가 내놓는 노동력도 개인적이고(individuelle) 개별적인(vereinzelte) 것입니다. 마르크스가 말하듯 100명의 노동자를 고용하는 자본가는 "단지 100명의 개별 노동력의 가치를 지불하는 것이지 100이라는 결합노동력의 가치를 지불하는 것은 아니"지요.[김, 453; 강, 462]

앞서 말했듯이 생산과정에서 '함께' 일하는 노동자들은 서로 타인입니다. 저마다 개인으로서 참여하지요. "동일한 자본과 관계를 맺으면서도 서로 간에는 아무런 관계를 맺고 있지 않습니다." 엄밀히 말하면 생산과정으로 들어가고 나면 이들은 개인도 아닙니다. 온전한 인격체 지위를 인정받지 못하니까요. 여러 번 말했듯 생산과정은 자본가가 구매한 상품인 노동력의 소비과정이고, 이때 노동력의 사용권은 노동자에게 있지 않습니다. 말하자면 이들은 더 이상 "자기 자신에 대한 소유자가 아닙니다". 투자한 자본의 일부(가변자본)이지요. [김, 453; 강, 462] 그래서 자본주의에서는 생산의 주체가 노동자가 아니라 자본으로 나타납니다. 자본이 움직여서 생산이 이루어지는 것처럼 보이지요.

협업을 통해 나타나는 추가 생산력 즉 사회적 생산력은 특히 그렇습니다. 서로 타인인 개인 노동자들을 조직하고 배치하는 것에 대해 자본은 전권을 행사하니까요. 자본은 개인 노동자에 대해서도 그 노동력의 가치 이상을 뽑아낼 수 있습니다. 노동력의 가치와 노동력을 사용해 얻을 수 있는 가치 사이에 차이가 있으니까요. 그래도 이 경우 자본가는 노동력의 가치에 대해서는 지불합니다. 개인으로서 노동자가 발휘하는 생산력에 대해서는 지불을 하는 셈이지요.

하지만 자본가는 결합노동의 수행자로서 노동자에게는 지불하지 않습니다. 즉 "노동자가 사회적 노동자로서 발휘하는 생산력"에 대해서는 지불하지 않습니다. 그것은 오로지 자본의 힘에 의해 추가된 생산력이라고 생각하니까요. 이 생산력은 노동자가 개인일 때는 존재하지 않고 오직 자본가가 이들을 모아 조직하고 배치할 때에만 발휘되는 것이니, 사람들

104

눈에는 그리고 누구보다 자본가의 눈에는 이것이 노동자들이 아니라 "자본에 내재하는 생산력으로 나타납니다(erscheinen)".[김, 453~454; 강, 462~463]

그러나 줄다리기를 예로 들어 말한 것처럼 이 사회적 생산력도 결국에는 노동자가 발휘하는 겁니다. 깃발을 휘두르는 사람이 거인의 출현을 돕는다고 해도 결국에 거인이 되는 사람은 노동자들이니까요. 더 큰 힘을 발휘해 줄을 당기는 사람은 노동자들입니다. 그런데 자본가는 이 거인 노동자에 대해서는 임금 지불을 하지 않습니다. 난쟁이 노동자들에 대해서는 임금 지불을 했지만 거인 노동자는 무상으로 부려먹는 것이지요.

◦ 거인 노동자의 몫은 어디에?

이 거인 노동자의 임금은 어디로 갔을까요. 노동자들이 노동조합을 통해 목소리를 낸다면 그 일부를 성과급 형태로 지급받겠지만 기본적으로는 자본가의 차지가 될 겁니다. 거인 노동자의 생산력은 기본적으로 자본의 생산력으로 간주되니까요. 이와 관련해 눈에 띄는 것은 '기능자본가' 역할을 수행하는 최고경영자들의 연봉입니다('기능자본가'라는 말은 마르크스가 『자본』 III권에서 자본의 실소유주인 '화폐자본가' 내지 '소유자본가'와 구분해서 쓴 말입니다[28]).

요즘에는 최고경영자를 가리켜 CEO(Chief Executive Officer)라는 영어 표현을 많이 쓰는데요. 한국의 경우 2017년 기준 CEO와 일반 직원의 연봉 격차가 평균 39배입니다.[29] CEO 한 사람의 생산력을 평균 노동자의 39배에 해당한다고 보는 거죠. 덩치가 39배나 큰 거인 노동자라고 할까요. 그런데 삼성전자의 경우에는 격차가 무려 208배에 달했습니다. 게다가 이건 연봉 격차가 그렇다는 것이고, 다양한 형태의 성과급까지 고려하면 실제 소득 격차는 훨씬 더 커집니다.

미국에서는 이 차이가 더 큽니다. 2016년 기준으로 미국의 CEO들은 직원들 평균 연봉의 271배를 받았으니까요. 최근 월트 디즈니 컴퍼니의 CEO 연봉이 잠시 구설에 올랐었는데요.[30] 디즈니 창업주의 손녀인 애비게일 디즈니(Abigail Disney)가 기업 임원들의 연봉이 일반 직원에 비해 지나치게 고액이라고 비판했기 때문입니다. 이 회사 CEO 밥 아이거(Bob Iger)의 연봉은 6560만 달러(약 760억 원)로, 일반 직원 연봉 중간 값의 1424배에 달했습니다[애비게일은 이를 두고 어떤 기준으로도 합리화할 수 없는 '정신 나간'(insane) 짓이라고 했습니다]. 이에 디즈니 사에서는 CEO 연봉은 '성과에 입각한 것'이라며 그가 취임한 이래 주당 24달러이던 주가가 132달러까지 올랐다고 했습니다. 말하자면 그의 지휘 능력 덕분에 회사 가치가 그만큼 커졌으니 정당한 보상이라는 거죠.

사실 CEO의 지휘 및 감독 노동의 가치를 어떻게 평가할지, 왜 그만큼의 급여를 받아야 하는지에 대한 명확한 기준은 없습니다(법적으로는 주주총회에서 정하는 걸로 되어 있지만 실제로는 이사회에서 임의대로 정하는 경우가 많지요. CEO 본인이 자기

임금 결정에 영향을 미치는 겁니다). 게다가 대주주들로서는 잉여
가치 생산, 다시 말해 수익을 내는 데 경영자가 얼마나 유능했
는지, 또 주가 상승에 얼마나 기여했는지를 볼 뿐이지요. 생산
력을 증대시켰든 비용을 절감했든 수익을 내는 데 기여했으
면 그만입니다.

　　마르크스는 지휘노동이 생산력 증대에 기여하는 부분이
있음을 인정했습니다. 그렇다고 해도 그 가치가 일반 노동자
의 1000배 이상이라고 한다면 그것은 애비게일의 말대로 '정
신 나간' 짓이지요. 게다가 추가 생산력을 실제로 발휘한 것은
노동자들입니다. 그들이 결합하면서 탄생한 거인 노동자의
노동이에요. CEO에게 지급된 어마어마한 연봉은 이 거인 노
동자가 받아야 할 몫, 다시 말해 다수의 노동자들이 거인 노동
자로서 수행한 노동의 몫의 일부일 겁니다. 이 몫을 노동자들
에게 지불하는 대신 CEO에게 지급한 것이지요. 자본주의적
감독노동에 대한 대가로, 수익 창출에 대한 유능함을 보상하
기 위해서 말입니다.

◦ 왕의 사업과 자본가의 사업

자본주의적 협업에 대한 이야기는 이렇게 끝나는데요. 마르
크스는 협업 즉 "동일한 노동과정에 다수의 임금노동자를 동
시에 고용하는 것"이야말로 "자본주의적 생산의 출발점을 이
룬다"라고 했습니다.[김, 456; 강, 464] 다수의 노동자를 고용
한다는 것은 화폐자산가에게 생산에 투자할 일정 규모 이상

의 돈이 마련되어 있다는 뜻이니까요. 그런데 그는 여기서 주의를 촉구합니다. 자본주의적 생산이 협업을 전제한다고 해서 자본주의가 협업의 발전에서 생겨난 것은 아니라는 겁니다. 자본주의적 협업은 전통적 협업의 발전된 형태가 아닙니다. 오히려 전통적 협업을 가능케 한 사회질서가 해체되면서 자본주의와 더불어 새로운 형태의 협업이 나타났다고 보아야 합니다.

우리는 여기서 다시 한번 마르크스의 역사유물론을 확인하게 되는데요. 그에 따르면 단순한 협업은 고대에도 존재했습니다. 이를테면 고대 아시아나 이집트의 거대 건축물들은 협업 없이는 불가능했을 겁니다. 고대의 왕이나 신정관들(Theokraten)은 직접생산에 종사하지 않는 잉여인구에 대한 명령권과 직접소비에서 제외된 잉여생산물에 대한 처분권을 가지고 있었습니다. 그들은 때로는 직접적으로 인력을 동원하고 때로는 간접적으로 잉여생산물을 이용해 인력을 동원했을 겁니다. 피라미드 같은 거대 건축물이 가능했던 것은 그 덕분입니다. 많은 사람들을 일시에 동원해 거대한 결합노동을 창출한 것이지요.

겉보기에는 건설회사 자본가가 도로를 깔고 다리를 놓는 일과 다를 바 없습니다. 대규모 잉여자산을 가진 자본가도 많은 노동자들을 일시에 고용해 피라미드보다 큰 건물을 올릴 수 있습니다. 이 점에서만 보면 마르크스의 말처럼 "아시아와 이집트의 왕들과 에트루리아의 신정관들의 권력이 근대사회

에서 자본가의 손으로 옮겨졌다"라고 말할 수 있을 것 같습니다.[김, 455; 강, 463]

하지만 왕의 사업과 자본가의 사업은 전혀 다른 사회형태 안에서 이루어집니다. 마르크스는 『자본』 제1장에서 고대의 생산유기체들과 부르주아사회의 생산을 비교하며 이런 말을 했습니다. 고대의 생산유기체들은 "개인이 자기와 동료들 사이의 탯줄을 아직 끊지 못했다"라고요(『마르크스의 특별한 눈』, 149쪽). 협업과 관련해서도 이 점을 지적하는데요. 전통적 공동체(마르크스는 수렵민족이나 인도의 농업공동체를 예로 들었습니다)의 경우 개인이 개인으로(이렇게 말해도 좋다면 '자유로운 개인으로') 존재하지 않았습니다. "마치 개개의 꿀벌이 벌집에서 떨어져 나오지 못하는 것처럼 각 개인도 종족이나 공동체의 탯줄에서 떨어져 나오지 않았다"라는 겁니다.[김, 455; 강, 464]

그런데 공동체에서 떨어져 나오지 않았다는 그 사실이 전통적 협업의 기초입니다. 왜 사람들이 함께 일했는가. 서로가 타인이 아니었으니까요. 서로가 같은 종족, 같은 공동체였으니까요. '함께'가 전제되어 있지요. 사람들을 묶고 있는 끈이 이미 존재했습니다. 물론 이 끈은 자생적 공동체처럼 친족 사이의 유대만을 의미하는 것은 아닙니다. 그것은 신분제 사회처럼 "직접적 지배와 예속 관계"를 의미하기도 했습니다.[김, 455; 강, 464]

사람들 사이의 관계만 그런 게 아닙니다. 생산조건도 그렇지요. 전통적 공동체의 생산수단들은 개인 재산이 아니라 공동체의 재산입니다. 그게 아니면 특정 신분에게만 허용되고 세습되는 특권이었지요. 개인들이 자유롭게 사고팔 수 있는 것이 아니었습니다.

이처럼 전통적 협업은 생산자가 개인이 아닌 공동체의 일원으로 존재하는 것과 생산조건을 공유하는 것에 근거했습니다. 그런데 바로 이 두 가지가 자본주의적 협업에서는 존재하지 않습니다. 이렇게 말해도 좋겠네요. 자본주의적 협업은 이 두 가지 조건이 깨졌기 때문에 생겨날 수 있었다고 말입니다. 자본주의적 협업은 한편으로 '자유로운 임금노동자' 즉 생존을 위해 자신의 노동력을 팔아야 하는 개인들을 전제합니다.[김, 455; 강, 464] 그리고 다른 한편으로 이들의 노동력을 구매할, 생산수단의 사적 소유자로서 자본가를 전제하지요.

요컨대 자본주의적 협업은 전통적 협업의 발전 형태가 아닌 겁니다. 마르크스에 따르면 자본주의적 협업은 과거 협업을 발전시키거나 극복하면서 나온 것이 아니고, "역사적으로 소규모 농민경제(Bauernwirtschaft)와 독립수공업(길드 형태를 취하든 그렇지 않든)에 맞서 발전되어온" 것입니다. 협업은 자본주의적 생산의 한 형태로서 중세의 봉건적 생산양식인 농민경제(농촌)·독립수공업(도시)과 대립하며 등장합니다.[31] 그래서 봉건적 양식 아래 있던 농민들이나 독립수공업자에게는 "자본주의적 협업이 협업의 특수한 역사적 형태로 나타나는 게 아니라 협업 자체가 자본주의적 생산과정에 고유하고 이 생산과정을 [다른 것과] 독특하게 구별 짓는 역사적 형태로 나타나 보이는 것"입니다.[김, 455~456; 강, 464]

하지만 이제까지 고찰한 협업을 자본주의의 특정한 시기의 특징으로, 이를테면 몇 세기부터 몇 세기까지가 협업의 세기였다고 말할 수는 없습니다. 마르크스는 자본주의적 생산의 출발점에 협업을 놓기는 했지만 협업을 자본주의적 생산의 초기 형태라고 말하기보다는 기본 형태라고 말합니다. 초기 매뉴팩처와 그 시기 대농업에서 단순협업이 나타난 것은 사실입니다. 그러나 마르크스는 이때를 굳이 협업의 세기라고 부르지 않습니다. 협업이 별 의미가 없어서가 아닙니다. 오히려 그 반대입니다. 협업은 분업이나 기계제 대공업이 발전하지 않았을 때의 생산형태이기도 하지만, 분업이나 기계제 대공업이 발전했을 때에도 기본이 되는 생산형태이기 때문입니다. 마르크스의 말을 빌리자면 "협업은 언제나 자본주의적 생산양식의 기본 형태"를 이룹니다.[김, 457; 강, 465] 우리는 이제 곧 분업에 기초한 매뉴팩처를 다룰 텐데요. 지금까지 협업에 대해 말한 것이 매뉴팩처를 이해하는 데 기본이 된다는 점을 확인하게 될 겁니다.

3

손이 된 인간

———

매뉴팩처의 노동자들

매뉴팩처에서 노동자는
전체 생산 메커니즘의 한 기관일 뿐입니다.
손이나 발, 눈 같은 신체 기관 말입니다.
그저 철사를 뽑거나 자르는 손이지요.
다른 기관, 다른 기능은 방해만 될 뿐입니다.
괜히 머리가 달려서 딴 생각을 하게 하고요.
괜히 위장이 달려 있어서 배고프게 하고,
괜히 생식기관이 달려서 화장실에 가야 합니다.
불편하지요. 반면 손은 엄청 발전합니다.
아무 생각 없이 왼손으로 철사를 옮긴 후
오른손으로 내리치면
철사 토막은 자로 잰 듯 똑같은 길이로 잘립니다.
소위 달인의 경지에 이르지요.
그는 이제 손으로 존재하는 인간입니다.

헤르만 헤이젠브로크, 〈철 주물 작업〉, 1890년경.
'매뉴팩처'는 '손으로(manus) 만들었다(factus)'라는 뜻이다.
그런데 매뉴팩처 시대에는 각각의 부분노동에 최적화된 도구들이 많이 개발된다.
노동자들이 특화되는 것만큼이나 도구들도 특화된다.
또 노동자들이 숙련되는 것만큼이나 도구들도 끊임없이 개량된다.

먼 길을 천천히 걸어가는 사람들은 가끔씩 지도를 확인하고 지난 여정을 정리해둘 필요가 있습니다. 바로 우리 이야기지요. 어떤 문장, 어떤 단락에 오래 머물다 보면 『자본』의 어디쯤에 와 있는지 잊어버리기 쉽습니다. 잠시 지난 여정을 그려볼까요. 우리는 자본의 증식 즉 잉여가치의 생산을 다루었습니다. 지난 책에서는 노동일의 절대적 연장을 통한 절대적 잉여가치의 생산을 다루었고 그 한계까지 살펴보았지요. 이번 책에서는 생산력 증대를 통한 상대적 잉여가치의 생산을 다루고 있습니다. 그중에서도 생산과정에 투입되는 노동력의 규모와 조직방식을 변화시켜 생산력 증대를 꾀하는 경우를 다루고 있지요. 그리고 방금 다수의 노동자를 생산과정에 동시에 투입하는 협업에 대해 이야기했습니다.

◦ 매뉴팩처, 손으로 하는 일

그런데 앞서 말한 것처럼 마르크스는 협업이 자본주의적 생산양식의 특정 단계를 특징짓는다고는 보지 않았습니다. 분업이나 기계가 발전하지 않았던 자본주의 초창기에 협업은 지배적 생산형태였다고 말할 수 있겠습니다만, 분업이나 기계가 충분히 발전한 경우에도 자본주의적 생산의 기본은 협업이니까요.

마르크스는 자본주의적 생산의 시발점을 16세기로 보는데요. 자본의 생애가 그때 시작되었다고 이야기했었지요(『성부와 성자』, 23쪽). 아직 생산과정에 기계가 본격적으로 사용되지 않았을 때입니다. 이 시기의 생산방식을 '매뉴팩처'(Manu-faktur)라고 부르는데요. '손'을 뜻하는 라틴어 '마누스'(manus)에서 온 말입니다. 매뉴팩처란 '손으로 만들기', 우리말로 옮기면 '수공업' 정도가 되지 않을까 싶습니다. 마르크스에 따르면 서구에서 매뉴팩처의 시대는 '대략 16세기 중엽에서 18세기 마지막 3분의 1기' 정도에 걸쳐 있습니다.[김, 458; 강, 466]

매뉴팩처는 주요한 노동수단이 사람의 손이라는 점에서 단순협업과 차이가 없습니다. 기술적으로도 별로 달라진 게 없습니다. 규모가 커졌을 뿐 길드와도 크게 다르지 않습니다. 앞서 협업에서 말한 바와 같지요. 실제로 초창기 매뉴팩처의 지배적 생산형태는 단순협업이었습니다.

그러나 많은 사람들을 한곳에 모아 함께 일하게 하면 곧이어 어떤 변화가 생겨납니다. 이미 협업에서 이 점을 이야기한 바 있습니다. 마르크스는 건축 현장과 벽돌 나르기를 예로 들었는데요. 건축 현장에서는 서로 다른 일이 동시에 진행됩니다. 한 가지 일을 마치고 나서 다른 일을 할 필요가 없습니다. 일부 사람들은 시멘트와 모래, 자갈 등을 섞어 콘크리트를 계속 만들고 또 다른 사람들은 벽돌을 나르고, 또 다른 사람들은 그 벽돌을 쌓을 수 있습니다. 어떤 일은 순서를 지켜야 합니다만 어떤 일들은 동시에 진행할 수 있지요. 그렇게 하면 시간을 크게 절약할 수 있고요.

벽돌 나르기라는 한 가지 일만 한다고 해도 작업에 변화가 생기지요. 모두가 전체 경로를 움직여 벽돌을 나르는 것보다 일렬로 늘어선 뒤 옆 사람에게 옮기는 방식이 이동거리를 절약할 수 있어 효율적이니까요. 또한 일도 더 작게 나눌 수 있지요. 몇 사람은 벽돌더미에서 적절한 양을 떼어내는 역할을 하고, 몇 사람은 운반 역할을, 그리고 몇 사람은 목적지에서 다시 쌓는 일을 하는 식으로 말입니다.

이처럼 생산과정에 투입된 다수의 노동자가 똑같을 일을 하지 않고, 일을 나누어 맡는 것을 분업이라고 합니다. 이 점이 본격적 의미의 매뉴팩처와 단순협업의 차이입니다. 앞서 말한 것처럼 매뉴팩처도 기본적으로는 협업입니다만, 본격적 의미에서 매뉴팩처는 '분업에 기초한 협업'이라고 할 수 있습니다.[김, 458; 강, 466]

○ 매뉴팩처의 두 가지 기본 형태

마르크스에 따르면 매뉴팩처는 두 가지 방식으로 생겨납니다. 하나는 서로 독립된 수공업 부문의 노동자들을 하나의 작업장에 모은 경우입니다. 마르크스는 마차를 생산하는 매뉴팩처를 예로 들고 있는데요.[김, 458; 강, 466] 마차에는 바퀴도 필요하고, 마구도 필요하고, 차체도 필요하고, 창문에 유리도 달아야 하고, 문에는 열쇠가 있어야 하며, 좌석과 차체 내부에는 장식도 필요합니다. 전체에 도색도 해야 하고요. 말하자면 바퀴 제조공, 마구 제조공, 가구공, 유리공, 열쇠공, 도장공, 도금공 등등이 필요합니다. 이들은 과거에는 모두 독립수공업자였습니다. 바퀴도, 마구도, 가구도, 유리도, 열쇠도 모두 완성품이었지요. 그런데 이제는 단지 마차 생산에 필요한 부품들 즉 미완성품입니다.

한 작업대에서 가구공이 차체를 만들어 다음 작업대로 넘기면 바퀴공이 바퀴를 만들어서 부착하는 식입니다. 나중에 도장과 도금까지 마치면 마차가 완성되겠지요. 마차 한 대가 제조되는 과정만 보면 한 사람이 이것을 순차적으로 수행하는 것과 각 단계마다 다른 사람이 수행하는 것의 생산력에 차이가 나는 이유를 알기 어렵습니다(전문화나 숙련을 무시한다면요). 하지만 모든 단계에서 동시에 여러 대의 마차가 제조된다는 점을 생각하면 이것이 얼마나 효율적인지를 이해할 수 있습니다. 작업공간이나 조명 등 생산수단의 절약 효과도 크고, 부품들의 이동거리가 줄어들기 때문에 시간이 줄어들고 이동에 필요한 노동력도 아낄 수 있습니다.

매뉴팩처가 생겨나는 또 다른 방식은 동일한 업종의 여러 수공업자들을 한데 모은 경우입니다. 마르크스가 든 예는 바늘 제조업인데요.[김, 460; 강, 468] 자본가는 바늘을 만들던 기존의 수공업자들을 모읍니다. 예전에는 수공업자 한 사람이 한두 사람의 도제를 데리고 바늘을 만들었겠지요. 매뉴팩처에 와서도 처음에는 그렇게 했을 겁니다. 하지만 곧 작업방식이 변합니다. 마치 벽돌 나르기와 같습니다. 과거에는 처음부터 끝까지, 이를테면 철사를 일정한 크기로 끊어내고, 연마를 하고, 구멍을 뚫는 등등의 일을 혼자서 다 했을 겁니다. 하지만 금세 작업을 분리하고 순차적으로 배열하고 작업대마다 사람들을 배치해 일하는 것이 효과적임을 알게 됩니다.

뉘른베르크의 바늘 제조 길드에서는 장인 한 사람이 모든 일을 다 행했지만, 영국의 매뉴팩처에서는 바늘 제조 과정을 20단계로 나누어 제침공은 그중 한 가지 일에만 종사했습니다. 생산수단의 절약은 물론이고, 한 가지 작업에만 특화되어 수행하기 때문에 노동자들의 움직임이 최소화될 것이고 무엇보다 경험 축적으로 숙련이 생기겠지요. 그 한 가지 일에서는 달인이 되는 겁니다. 당연히 노동생산력이 크게 증대하겠지요.

이것이 매뉴팩처의 두 가지 발생 경로인데요. 이 두 가지는 그대로 매뉴팩처의 두 가지 기본 형태가 됩니다. 마르크스는 전자를 '이종적 매뉴팩처'(heterogene Manufaktur), 후자를 '유기적 매뉴팩처'(organische Manufaktur)라고 부릅니다.[김, 466; 강, 473] 전자는 상호 독립된 작업으로 생산된 부품들을 조립해서 완성품을 만들어내는 경우입니다. 부품들 자체가 준생산물이죠. 하지만 후자는 부품이라는 것이 따로 없습니다. 서로 연관된 일련의 작업들을 순차적으로 수행하고 나면 완성품이 나옵니다. 어떤 형태의 분업을 행할지는 해당 매뉴팩처가 어떤 상품을 만들어내느냐에 달려 있지요(물론 전체적으로 이종적 매뉴팩처 형태를 취하더라도 부분적으로는 유기적 매뉴팩처 형태를 취할 수도 있고 반대의 경우도 가능합니다).

마르크스가 이종적 매뉴팩처의 예로 든 것은 시계인데

요.[김, 466~467; 강, 474] 마차 제조에 대한 설명과 비슷합니다. 사실 시계 제조는 매뉴팩처 시기에는 첨단 산업이었을 겁니다. 크기는 작았지만 많은 부품을 필요로 했습니다. 그리고 그 부품들만큼이나 많은 전문 기술자들을 필요로 했습니다. 이를테면 태엽 제조공, 지침반 제조공, 나선형 용수철 제조공, 보석 박을 구멍을 뚫는 사람, 루비로 된 레버 제조공, 시계바늘 제조공, 시계 케이스 제조공, 나사못 제조공, 도금공. 사실 이 각각의 일은 더 세분화되어 있고 그 일만 수행하는 노동자들이 따로 있었습니다. 톱니바퀴 제조공, 시계핀 제조공, 시계추 제조공, 연동장치 완성공, 추축 제조공, 조립공, 태엽바퀴 완성공, 지동기 제조공, 실린더 제조공, 지동륜 제조공, 평형륜 제조공, 완급침 제조공 …… 뚜껑 스프링 장치공, 조각공, 시계 케이스 연마공 등등. 그리고 이것들을 조립하는 완성공.

　마르크스는 시계가 얼마나 많은 부품을 필요로 하며 얼마나 많은 부분작업들이 이루어지는지를 아주 길게 적었습니다. 그가 나열한 작업 종류만 해도 거의 본문 한 쪽을 채웁니다. 너무 길어서 여기 모두 인용하지 못했을 정도입니다. 비유컨대 당시 시계는 오늘날의 스마트폰과 같았을 겁니다(물론 스마트폰은 매뉴팩처의 손작업이 아니라 자동화 설비를 갖춘 시스템의 산물이고 부품 생산망이 여러 나라에 걸쳐 있지만요). 시계는 비록 크기는 작지만 많은 정밀 부품을 필요로 했습니다. 그리고 각각의 부품은 저마다 전혀 다른 공정을 통해 생산되었지요. 공정이 전혀 다르기 때문에 부품마다 독립된 작업장에서 생산되는 경우가 많았습니다. 그렇다고 이들 노동자가 과거 독립수공업자의 지위를 누렸던 것은 아닙니다. 과거 독립수공업자들은 고객을 상대로 영업을 했지만, 매뉴팩처 노동자들은 동일한 자본가의 지휘를 받는 노동자들이었으니까요. 독립된 수공업자가 일종의 자영업자라면 매뉴팩처 노동자는 말 그대로 고용된 노동자입니다. 지위가 전혀 다르지요.[김, 468; 강, 475]

시계 제조업 같은 '이종적 매뉴팩처'와 바늘 제조업 같은 '유기적 매뉴팩처'는 나중에 기계제 대공업으로 전환되는 과정이 아주 다릅니다. 매뉴팩처 형태에서는 시계든 바늘이든 모두 사람들이 손으로 만들었는데요. 둘 중 어느 쪽의 기계화가 쉬울지는 쉽게 짐작할 수 있습니다. 바늘 제조업처럼 밀접히 연관된 일련의 작업들을 순차적으로 진행하는 경우가 훨씬 더 쉬울 겁니다. 시계 제조업처럼 제조공정이 전혀 다른 수십 가지 부품을 생산해야 한다면 이것을 하나의 기계 시스템 안에 통합하기가 쉽지 않겠지요. 이런 점 때문에 시계 제조업은 오랫동안 기계제 대공업으로 전환될 수 없었습니다.

물론 시계 제조에는 기계제로의 전환을 어렵게 하는 또 다른 사정이 있습니다.[김, 468, 각주 7; 강, 475, 각주 32] 부품들이 너무 작고 섬세해 그런 부품을 만들 기계를 제작하기가 오랫동안 불가능했지요. 그뿐 아니라 당시 시계는 사치품이었으므로 대량생산의 필요성이 없었습니다. 다양한 종류를 소량으로 생산하는 게 일반적이었지요. 그러니 기계화의 장

점이 별로 없었습니다. 지금도 사치품으로 사용되는 고급 시계는 수공업자들이 소량만 만들어냅니다.

전체적으로 보면 이종적 매뉴팩처든 유기적 매뉴팩처든 저마다의 경로를 거쳐 기계제 대공업으로 전환됩니다(물론 독립수공업이나 매뉴팩처 형태의 생산이 지금도 사라진 것은 아닙니다. 다만 이제는 생산의 지배적 형태가 아니지요). 마르크스는 18세기말 기계제 대공업이 출현할 때 그 선두에 섰던 방직업과 방적업도 매뉴팩처 발생기에는 이종적 형태의 매뉴팩처에 가까웠다고 말합니다. 그는 오귀스트 블랑키(A. Blanqui)의 『산업경제학 강의』 한 대목을 인용하는데요.[김, 459, 각주 1; 강, 467, 각주 26] 블랑키에 따르면 프랑스의 리옹이나 님의 방적 및 방직업의 경우 노동자들은 하나의 작업장에 모여서 일하지 않았습니다. 사람들은 집에서 누에를 치고 고치에서 실을 뽑았습니다. 분업이 높은 수준으로 이루어졌지만 공장에 모여 있지는 않았습니다. 실을 감는 사람, 실을 꼬는 사람, 염색하는 사람, 풀 먹이는 사람, 직물을 짜는 사람이 각각 독립적으로 일했습니다. 이들을 지배하는 동일한 자본가는 없었습니다.

그런데 마르크스는 블랑키를 인용한 뒤 이렇게 덧붙였습니다. "블랑키가 이 책을 쓴 이후 다양한 독립노동자들은 일부 공장에 통합되었다." 블랑키가 본 독립수공업자들이 금세 매뉴팩처의 노동자들로 전환되었다는 거죠. 재밌는 것은 마르크스의 문장 뒤에 엥겔스가 덧붙인 문장입니다. 『자본』의 4판을 내면서 엥겔스는 마르크스의 문장을 흉내 내면서(약간의 장난기를 섞어) 이렇게 적었습니다. "마르크스가 위의 글을 쓴 이후, 이 공장들에서는 역직기(기계식 직조기, Kraftstuhl)가 수직기(수작업 직조기, Handwebstuhl)를 급속히 몰아냈다. 크레펠더의 견직 공업도 이와 똑같은 경험을 하고 있다." 이번에는 매뉴팩처 노동자들이 기계에 의해 추방되었다는 겁니다(이것은 여기서 다루기에는 너무 이른 이야기입니다. 다음 책의 주제지요). [김, 459, 각주 1; 강, 467, 각주 26]

◦ 부분노동자, 손이 된 인간

매뉴팩처는 분업에 기초한 협업이라고 했는데요. 자본가에게는 여러 가지 이점을 줍니다. 생산수단의 낭비를 줄일 수 있고, 원료와 부품의 이동거리가 줄어들기 때문에 여기 소요되는 노동력과 시간을 절약할 수 있습니다. 앞 장에서 우리가 '협업'을 다룰 때 이미 확인한 내용들이지요. 전체 작업을 여러 개로 분할하기는 했지만 "각 부분작업의 토대는 여전히 수공업"이므로 매뉴팩처의 부분작업들만 놓고 보면 협업과 달라진 게 없습니다. 그러니 "이점의 대부분이 협업의 일반적 본성에서 생기는 것"도 당연합니다.[김, 462; 강, 469]

하지만 매뉴팩처는 단순협업에서는 볼 수 없는 중요한 요소가 있습니다. 바로 노동자들의 변형입니다(이 변형은 매뉴팩처의 노동생산력 증대에 기여합니다). 이종적이든 유기적이든 분업을 수행하는 노동자들은 존재론적 변형을 겪게 되는데요. 협업에서도 비슷한 이야기를 하기는 했습니다. 여러 명의 난쟁이 노동자들이 사라지고 한 명의 거인 노동자가 생겨난다고요. 그러나 이때는 결합노동으로 생겨나는 추가 생산력에 초점을 맞추어 이야기한 것입니다. 특히 단순협업의 경우 거인 노동자의 존재를 생산과정에서 일시적으로 형성되는 공통의 리듬 같은 것으로 이해했지요. 하지만 매뉴팩처에서는 개별적이고 독립적인 노동자의 죽음과 전체적인 거인 노동자의 탄생이 실재적이고 항구적인 의미를 갖게 됩니다.

이 문제를 조금 자세히 살펴보겠습니다. 생산과정의 전체 작업이 분할되고 노동자들이 특정한 일만 계속할 때 어떤 일이 일어날까요. 분업이란 말 그대로 '나누어진 일'입니다. 분업 체계에 들어간다는 것은 모든 노동자들의 노동이 '부분노동'이 된다는 뜻입니다. 모두가 부분노동만 행한다는 점에서 마르크스는 매뉴팩처의 노동자를 '부분노동자'(Teilarbeiter)라고 부릅니다.[김, 459; 강, 467]

매뉴팩처에서는 어떤 노동자도 완제품을 생산하지 않습니다. 전체 공정의 노동이 모두 합해져야 완제품이 나오지요. 개별 노동자의 생산물이란 부품이거나 중간물에 지나지 않습니다. 부분노동이 전체노동이 아닌 것처럼 부분노동의 결과물도 완제품이 아닌 겁니다. 한 노동자의 노동은 이웃 노동자의 노동과 더해질 때만 의미가 있고, 한 노동자의 생산물은 이웃 노동자의 생산물과 더해질 때만 의미가 있지요. 노동도 노동생산물도 독립해서는 의미가 없습니다.

이것은 노동자의 성격에도 그대로 들어맞습니다. 이제

'독립'수공업자는 없습니다. 과거에는 독립수공업자였다고 해도 매뉴팩처로 들어가는 순간 더는 독립된 존재가 아닙니다. '부분노동자'라는 말을 유심히 볼 필요가 있습니다. 처음에는 전체 일의 한 부분을 떠맡는 노동자, 제품의 일부분을 생산하는 노동자라는 뜻이었겠지만 이제는 노동자 자신의 존재론적 축소를 나타내는 말이 되었다고 할까요. '부분노동자'란 '부분으로 존재하는' 노동자라고 할 수 있습니다. 마치 '부분인간' 같다고 할까요. '부분노동자'는 온전한 노동자가 아닙니다. 그는 노동자라기보다는 노동자의 한 부분이라고 할 수 있습니다.

그렇다면 온전한 노동자는 어디에 있을까요. 그는 매뉴팩처 전체에 걸쳐 있습니다. 앞서 우리가 '협업'을 이야기할 때 비유적으로 썼던 '24개의 손을 가진 거인 노동자'가 매뉴팩처에서 실재적 의미를 갖지요. 마르크스는 그를 '전체노동자'(Gesamtarbeiter)라고 부릅니다. "다양한 세부노동자들(Detailarbeiten)이 결합된 전체노동자는 도구로 무장한 자신의 많은 손들 가운데 한 손으로는 철사를 만들고, 동시에 다른 손이나 도구로는 철사를 똑바로 펴며, 또 다른 손으로는 그것을 자르거나 뾰족하게 한다."[김, 469; 강, 476]

이 '전체노동자'에 대해서는 조금 뒤에 보기로 하고요. 일단은 부분노동자를 조금 더 살펴보겠습니다. 독립수공업자가 매뉴팩처 노동자가 될 때 어떤 일이 일어나는지 봅시다. 이종적 매뉴팩처, 이를테면 마차를 제조하는 매뉴팩처의 경우

처음에 모인 재봉공, 자물쇠공, 가구공 등은 모두 독립수공업자였습니다. 저마다 자신이 만든 물건을 내다 팔던 사람들이죠. 그게 각자의 전업 활동이었습니다. 그러나 마차 매뉴팩처에 들어오면서 변화가 생기는데요. 일단 외양상 이들이 만든 물건은 똑같습니다. 그런데 이제 이 물건들은 더 이상 완성품이 아닙니다. 그대로 내다 팔 수가 없지요. 이것들은 마차의 부품에 불과합니다. 다른 부품과 결합을 해야만 의미가 있는 불완전 상품이지요.

노동생산물이 완제품에서 부품으로 전락하고 노동이 부분노동이 되는 것과 동시에 이들도 부분노동자가 되는데요. 부분노동자가 되는 순간 이들은 더 이상 예전처럼 일을 할 수 없다는 걸 알게 됩니다. 과거 독립수공업자였을 때는 일의 전체 리듬을 자신이 통제할 수 있었을 겁니다. 자기만의 리듬, 자기만의 스타일, 자기만의 습관이 있었겠지요. 이를테면 아침에 일을 집중해서 하는 사람도 있을 테고, 아침에는 늦잠을 자고 오후에 일하는 걸 선호하는 사람도 있었을 테지요. 하지만 매뉴팩처에서는 나만의 스타일이 존재할 수 없습니다. 이제 가구공은 자기 리듬에 맞춰 마차의 차체를 제작할 수 없습니다. 자물쇠공이 기다리고 있고 또 도장공이 기다리고 있으니까요. 전체 공정을 나눈다는 것은 단지 일의 종류만 나누는 게 아닙니다. 각각의 일마다 할당된 시간이 있지요. 전체 리듬에 맞게 부분노동이 조절되어야 하는 겁니다.

그뿐만이 아닙니다. 독립수공업자였을 때 노동자는 생산

과정 전체를 머릿속에 넣고 일합니다. 한 부분의 일을 하더라도 전체적 시각에서 판단합니다. 그런데 매뉴팩처에서 일하다 보면 이런 태도가 사라집니다. 내가 만든 물건이 어디서 어떻게 쓰이는지 몰라도 됩니다. 이런 식으로 오래 일하다 보면 설령 똑같은 일을 하더라도 아주 일면적 존재가 되고 말지요. 전체가 아니라 부분만 생각하며 과거나 미래가 아니라 현재만 생각하지요. 그냥 눈앞의 일을 주어진 시간 안에 처리하는 것에만 최적화된다고 할까요.[김, 459; 강, 467]

이런 상황은 유기적 매뉴팩처에서 더 심합니다. 이들도 처음에는 독립수공업자였습니다. 이종적 매뉴팩처와 달리 동종 업종의 사람들이었을 뿐이지요. 모두가 완제품을 만들던 사람들입니다. 제침업의 경우 매뉴팩처에서는 무려 20단계로 나누는 일을 독립수공업자일 때는 혼자서 해내던 사람들이지요. 하지만 매뉴팩처에 들어간 후 이들은 한 가지 일만 맡습니다. 누군가는 철사를 뽑는 일만 하고 누군가는 펴는 일만 하며 누군가는 자르는 일만 합니다. 처음에는 우연히 그렇게 분할했는지도 모르지만 조금 있으면 그 일이 평생의 일이 됩니다. 나중에 노동자는 바늘을 만드는 사람이 아니라 철사를 뽑는 사람이거나 철사를 펴는 사람 아니면 철사를 자르는 사람이 됩니다.

노동자는 이렇게 독립성을 잃어가는 만큼 유능한 매뉴팩처 노동자가 됩니다. 일면적 존재가 될수록 유능한 존재가 되지요. 매뉴팩처에 들어간 수공업자가 서로 다른 업종의 사람들이었는지 동종 업종에 종사했던 사람들인지는 중요하지 않습니다. "그 출발점이 어떤 것이든 마지막 모습은 똑같은 것, 즉 기관(Organe)이 인간인 하나의 생산 메커니즘"으로 귀착하니까요.[김, 461; 강, 469]

매뉴팩처에서 노동자는 전체 생산 메커니즘의 한 기관일 뿐입니다. 인간이 기관인 겁니다. 손이나 발, 눈 같은 신체 기관 말입니다. 그저 철사를 뽑거나 자르는 손이지요. 다른 기관, 다른 기능은 방해만 될 뿐입니다. 괜히 머리가 달려서 딴 생각을 하게 하고요. 괜히 위장이 달려 있어서 배고프게 하고, 괜히 생식기관이 달려서 화장실에 가야 합니다. 불편하지요. 반면 손은 엄청 발전합니다. 아무 생각 없이 왼손으로 철사를 이동시킨 후 오른손으로 내리치면 철사 토막은 자로 잰 듯 똑같은 길이로 잘립니다. 소위 달인의 경지에 이르지요. 그는 이제 손으로 존재하는 인간입니다. 전체 인격이 손 하나로 축소된다고 할 수 있습니다. 이것이 바로 '기관'이 된 부분노동자의 모습입니다.

◦ 500개의 망치—생산성 증대의 비밀

매뉴팩처의 개인 노동자는 유적 능력은 잃지만 특화된 전문 능력을 갖게 됩니다. 동일한 단순작업을 평생 수행함으로써 그의 온몸은 "일면적이고(einseitiges) 자동화된(automatische) 기관"으로 변형됩니다.[김, 462; 강, 470] 일종의 자동 가위가 되는 것이지요. 철사를 일정 길이로 자르는 일에 있어서만큼은 누구도 그를 당해낼 수 없습니다. 과거의 독립수공업자는 바늘을 만들기 위해 철사를 뽑고 펴고 자르고 연마하는 일을 모두 해야 했습니다. 그에 비해 바늘 제조 매뉴팩처에서 일하는 노동자는 한 가지 일에만 특화된 사람입니다. 바늘 전체를 만들지는 못해도 자신이 하는 한 가지 일에서만은 누구보다 뛰어납니다.

매뉴팩처의 노동생산력이 왜 단순협업의 생산력보다 높은가. 매뉴팩처의 전체 공정은 이런 달인들의 노동으로만 이루어졌으니까요. 마치 '살아 있는 자동 가위'와 '살아 있는 정밀 망치'가 움직이는 것과 같습니다. 어떤 훌륭한 장인도 모든 부분노동을 다 잘할 수는 없습니다. 하지만 매뉴팩처는 모든 부분노동을 훌륭한 장인 수준으로 만들어 결합한 것입니다. 이런 부분노동자들의 결합으로 탄생한 전체노동자는 모든 부분노동에 정통한 '거대 장인'과 같습니다. 살아 있는 기관들(부분노동자들)로 이루어진 인조인간이지요. 마르크스는 이 거대 존재를 "살아 있는 메커니즘"(lebendigen Mechanismus)이라고 부릅니다.[김, 462; 강, 470]

결국 단순협업보다 매뉴팩처에서 노동생산력이 높은 것은 숙련 덕분이라고 할 수 있습니다. 누구나 오랫동안 똑같은 일을 하다 보면 그 일을 더 잘하게 됩니다. 특히 동일한 단순작업을 반복하다 보면 어떻게 작업하는 게 가장 효과적인지를 경험으로 알게 됩니다. 일종의 노하우가 생기는 거죠. 그리고 그것을 후임자에게, 더 나아가 다음 세대에 전수할 수 있습니다.

마르크스는 매뉴팩처에서 부분노동자들의 숙련과 과거 사회에서의 직업 세습화 경향을 비교하는데요.[김, 463~464; 강, 470~472] 매뉴팩처의 노동자들에게만 숙련이 일어나는 것은 아닙니다. 과거의 독립수공업자들도 자기 분야에 평생 종사하면서 대단한 숙련을 쌓았을 겁니다. 오랜 경험을 통해 자기만의 노하우도 생겼을 것이고, 그 노하우를 도제나 자식들에게 전수했을 겁니다. 과거 신분제 사회에서는 국가가 개입해 특정 집단에 특정한 직업만 갖도록 강제했습니다. 처음에는 분업이 자연발생적으로 생겨났을 수 있지만, 일정한 단계에 이르면 카스트나 길드와 같은 배타적 사회제도로 자리 잡게 되지요.

사실 이것이 전통사회에서만 나타나는 현상은 아닙니다. 전통사회의 카스트나 길드와는 다르지만 오늘날에도 몇 세대에 걸쳐 동일한 직업에 종사하는 사람들이 있습니다. 음식점만 하더라도 몇 대째 내려온 집이라는 것을 내세웁니다. 오랜 숙련에서 나오는 손맛과 대대로 이어져온 비법을 강조하는 거죠.

하지만 이런 독립수공업자의 숙련과 매뉴팩처 노동자의 숙련은 아주 다릅니다. 매뉴팩처 노동자가 하는 일에 비하면 독립수공업자의 일은 너무 복잡합니다. 대단한 기교를 필요로 하지요. 게다가 독립수공업자는 혼자서 그 모든 일을 해내야 합니다. 때로는 자리를 옮기고 때로는 도구를 바꾸지요. 이에 비하면 매뉴팩처 노동자가 하는 일은 단순합니다. 그에게 숙련이란 대단한 기교로 복잡한 일을 처리하게 되었다는 뜻이 아닙니다. 아주 단순한 일을 반복적으로, 정확하고 빠르게 수행할 수 있게 되었다는 뜻이지요. 도제가 장인이 되는 과정이라기보다 인간이 기계가 되는 과정이라 할 수 있습니다.

매뉴팩처 노동자는 제자리에서 똑같은 일을 하기 때문에 자리를 옮길 필요도 없고 도구를 바꿀 필요도 없습니다. 그러니 시간도 절약되지요. 동일한 일을 빠르게 처리하기 때문에(이 경우에는 노동강도가 증대합니다) 혹은 작업 전환 과정에서 낭비되는 시간이 없기 때문에(이 경우에는 노동력의 비생산적 소비가 줄어듭니다), 노동생산성(Produktivität)이 크게 증대할 수밖에 없습니다.[김, 464; 강, 472]

여기에 생산성을 높이는 한 가지 요소가 더해지는데요. 바로 도구입니다. 매뉴팩처에서는 부분노동이 특화되고 전문화되는 만큼 도구들도 분화됩니다. 해당 노동에 최적화된 도구가 개발되는 것이지요(사실은 첫 번째 도구인 신체기관들 자체가 독특하게 변형됩니다. 이를테면 손가락이 해당 작업에 맞게 늘어나거나 휘어지기도 하는데요. 이건 일종의 기형화라고 할 수 있지요. 이 문제에 대해서는 뒤에 따로 다루겠습니다). 해당 노동에만 최적화되어 있기 때문에 이 도구들은 다른 작업에는 쓰기 어렵습니다(노동자도 그렇습니다. 특정한 일을 평생 해온 사람은 다른 직업을 갖기 어렵지요).

이와 관련해 마르크스는 주석에서 다윈의 『종의 기원』을 인용했는데요.[김, 465, 각주 6; 강, 473, 각주 31] 다윈에 따르면 여러 기능을 동시에 수행하는 기관은 변이가 적습니다. 온갖 음식을 잘라야 하는 일반 가정의 부엌칼처럼요. 모양과 크기가 비슷비슷합니다. 그러나 특정 기능에 최적화된 경우 칼의 모양은 크게 달라집니다. 빵 자르는 칼과 채소 써는 칼, 껍질을 벗겨내는 칼은 모두 다르게 생겼지요. 한 용도에 최적화된 칼은 다른 용도로는 사용할 수가 없습니다.

　　매뉴팩처 시대에는 각각의 부분노동에 최적화된 도구들이 많이 개발되었습니다. 노동자들이 특화되는 것만큼이나 도구들도 특화된 것이지요. 또 노동자들이 숙련되는 것만큼이나 도구들도 끊임없이 개량되었습니다. 마르크스에 따르면 당시 버밍엄에서만 약 500종에 달하는 망치가 생산되었다고 하는데요. 이 망치들은 저마다 특수한 작업에 사용되었습니다.[김, 465; 강, 473] 망치로 두드리는 일만 해도 얼마나 여러 가지로 분화되었는지를 짐작할 수 있지요.

◦ 살아 있는 메커니즘

매뉴팩처 노동자들의 숙련은 도제가 장인이 되는 것이라기보다 인간이 기계처럼 되는 것이라고 했는데요. 특히 유기적 매뉴팩처의 경우 노동자들은 기계 부품처럼 움직입니다. 전체 공정이 순차적 작업으로 이루어져 있어 한 노동자가 마무리한 일이 다른 노동자가 착수하는 일이 되지요. 노동과 노동이 서로 맞물려 있습니다. 노동의 이런 성격 때문에 매뉴팩처 노동자는 자기만의 스타일이나 속도를 고집할 수 없습니다. 일단 일이 시작되면 쉴 수도 없습니다. 자신이 멈추면 모두가 멈추게 되니까요. 그러니 모두가 전체의 리듬을 따라야 합니다.

이런 이유로 매뉴팩처에서는 "독립수공업이나 단순협업의 경우와는 완전히 다른 노동의 연속성, 일률성(획일성), 규칙성, 질서(순차성), 그리고 특히 완전히 다른 노동강도가" 만들어집니다.[김, 470; 강, 477] 모든 노동자들이 물 흐르듯 연속적으로, 모나지 않게 일률적으로(고르게), 시계추처럼 규칙적으로, 순서를 맞추며 질서 있게 일해야 하죠. 노동자가 처리해야 할 일의 양도 기술적으로 정해져 있습니다. 일정 수의 노동자를 특정한 작업에 배치할 때 이미 고려되어 있지요.

참고로 마르크스는 상품의 가치가 자본가에게는 '경쟁의 강제법칙'으로 나타난다고 했습니다. 사회적 필요노동시간을 넘긴 노동시간은 시장에서 인정받지 못하지요. 자본가는 자신이 경쟁자들보다 뒤처지면 안 된다는 것을 알고 있습니다. 그렇기 때문에 일정한 시간 안에 상품을 생산해내야 해요. 매뉴팩처에서는 이것이 노동자들이 감내해야 할 노동강도를 규정합니다. 완제품이 사회적 필요노동시간을 넘기지 않도록 부분노동의 양과 시간이 기술적으로 정해지는 거예요. 마르크스의 표현을 쓰자면, 자본가에게는 "경쟁의 외적 강제법칙"인 것이 매뉴팩처 노동자에게는 "생산과정 자체의 기술적(technisches) 법칙"으로 주어져 있습니다.[김, 470~471; 강, 477~478]

매뉴팩처 생산공정에 대한 기술적 설계는 어떤 기능의 노동자를 얼마만큼 고용할지도 규정합니다. 예컨대 활자 매뉴팩처에서 활자를 만드는 주물공 한 명이 한 시간에 2000개의 활자를 주조하고, 활자를 낱개로 떼어내는 분철공 한 명이 4000개를 분철하며, 연마공 한 명이 분철된 철자 8000개를 연마할 수 있다고 해봅시다. 그러면 이 매뉴팩처에서는 연마공 한 명에 대해 분철공 두 명, 주물공 네 명이 고용되어야 합니다. 이것이 활자 매뉴팩처에서 노동자를 고용하는 가장 단순한 비율입니다.

이것은 공장 하나만의 문제가 아닙니다. 매뉴팩처가 지배적 생산형태인 사회에서 이 업종에 동시 취업하는 노동자 집단은 이런 식으로 편성되어야 합니다. 그러니까 질적으로는 주물공, 분철공, 연마공 등 상이한 그룹으로 나뉘어야 하고 양적으로는 각 그룹이 '4:2:1'의 '수학적 비율'을 지켜야 합니다. 그래서 마르크스는 이렇게 말합니다. "매뉴팩처적 분업은 사회적 노동과정의 질적 편제와 더불어 양적인 규칙과 비율까지 발전시킨다."[김, 471; 강, 478]

여기서 마르크스가 매뉴팩처의 생산과정을 묘사하면서 본격적으로 사용하기 시작한 단어 하나에 주목할 필요가 있습니다. '메커니즘'(Mechanismus)이라는 말인데요(우리가 이미 읽은 『자본』 제3장에서 화폐공황을 유발하는 지불과 결제의 연쇄체제를 지칭할 때 이미 한 번 나오기는 했습니다만[김, 179; 강, 213] 사실상 매뉴팩처를 다루는 제12장부터 사용되는 용어라고 할 수 있습니다). 앞서 인용한 것처럼 마르크스는 매뉴팩처를 "기관이 인간인 하나의 생산 메커니즘"이라고 불렀습니다.[김, 461; 강, 469] 그리고 부분노동자들의 결합으로 만들어진 '전체노동자'를 '매뉴팩처의 살아 있는 메커니즘'이라고 했고요.[김, 462; 강, 470] 매뉴팩처 노동의 연속성, 일률성, 규칙성, 질서 등을 언급하는 대목에서 다시 '전체 메커니즘'(Gesamtmechanismus)이라는 말을 씁니다.[김, 470; 강, 476] 그리고 나서는 곧잘 등장하는 말이 되었습니다.

내가 '메커니즘'이라는 말에 주목한 것은 이것이 매뉴팩처 시대를 가장 잘 특징짓는 단어일 수도 있겠다는 생각 때문입니다. '메커니즘'은 우리가 지금도 사물의 작용 원리나 구조를 지칭할 때 많이 쓰는 말입니다. 부분들(부품들)이 서로 어떻게 연결되어 있고 어떻게 함께 작동하는지를 가리키죠.

그런데 사물을 부분들로 나눈 뒤 부분들의 연결구조와 작동원리를 이해하는 식으로 그 사물을 이해하는 것은 언제부터 시작되었을까요. 사물에 대한 이런 식의 이해가 출현한 때를 특정할 수는 없지만 확실히 말할 수 있는 것은 이것이 매뉴팩처라는 생산형태에 잘 부합한다는 사실입니다. 실제로 '메커니즘'은 매뉴팩처 시대에 탄생한 말입니다. 17세기 중반(1655~1665년)에 처음 등장했고,[32] 그리스어 '메카네'(mēkhanē)를 가지고 만든 단어지요(메카네는 나무로 만든 일종의 기중기인데요. 고대 그리스의 극장에서 배우가 하늘로 날아가거나 신이 하늘에서 내려오는 것을 연출할 때 사용하는 무대장치였습니다).

마르크스는 매뉴팩처를 '하나의 생산 메커니즘'이라고 했는데요. 엄밀히 하자면 '생산 메커니즘'이라는 말이 성립할 수 있는 것은 매뉴팩처 이후라고 해야 할 겁니다. 매뉴팩처에 이르러 생산은 드디어 하나의 '메커니즘'이 되었다고요. 여기서 노동의 연속성, 일률성, 규칙성, 질서가 나타난다는 것은 부분노동들이 하나의 메커니즘을 이룬다는 뜻입니다. 이는 생산공정 전체가 수학적 비율과 기술적 법칙에 따라 구성된다는 말과도 같고요.

'메커니즘'이라는 말은 자연스럽게 '기계'를 떠올리게 합니다. 실제로 매뉴팩처 시대 초기부터 여러 가지 '기계들'이 등장했습니다. 특히 원료를 짓이겨 가루를 내는 기계들이 많이 등장했는데요. 밀가루 제조업에서는 곡물을 가루 내는 제분기가 있었고, 제지업에서는 넝마를 가루 내는 분쇄기가 있었으며, 야금업에서는 광물들을 가루 내는 쇄광기가 있었습니다. 그러나 이 기계들은 전체 공정에서 부차적 역할을 수행했을 뿐입니다. 생산력의 큰 부분은 분업에 기초한 인간협업에서 나왔지요. 마르크스에 따르면 이 시대에 기계를 사용한 것의 중요한 의의는 상품생산이 아니라 학문 쪽에, 즉 근대적 역학(Mechanik)의 탄생에 있습니다(역학은 사물의 메커니즘을 이해하는 학문이지요). 위대한 수학자들로 하여금 근대적 역학으로 나아가게 하는 자극이 되었다는 거죠.[김, 474~475; 강, 481]

매뉴팩처에서 생산은 인간적 부분노동들의 결합으로 이

루어져 있습니다. 인간협업이 기본이지요. 여기서 기계는 노동자들이 사용하는 작업도구(Instrumente 혹은 Werkzeug)이거나(망치보다는 좀 크고 복잡하지만요) 기껏해야 인간노동을 고려해서 분할한 노동의 한 부분을 인간을 대신해 수행하는 장치였을 뿐입니다. 이를테면 제지업 매뉴팩처의 공정 중 하나는 넝마를 잘게 부수는 것인데요. 예전에는 여러 명의 사람이 여기 투입되었다면 이제는 거대한 분쇄기가 한 번에 그것을 부수는 식이지요.

그러나 기계제 대공업에서의 기계는 다릅니다. 여기서 '기계'는 정말로 '기계'가 됩니다. 기계는 더 이상 인간 노동자의 작업에 동원되는 도구가 아니며 인간처럼 일하지도 않습니다. 기계는 기계식으로 일합니다(도구와 기계가 어떻게 다른지는 이 시리즈의 8권인 다음 책의 중요한 주제이니 그때 상세히 설명하겠습니다. 다만 마르크스의 주석 하나는 미리 언급해둘 필요가 있겠네요. 마르크스는 스미스가 '도구의 분화'와 '기계의 발명'을 혼동하고 있다고 비판했는데요. 기계의 발명에서는 매뉴팩처 노동자들이 아니라 학자, 수공업자, 농민이 중요한 역할을 했다고 지적한 부분이 흥미롭습니다.[김, 474, 각주 19; 강, 481, 각주 44]) 기계제 대공업에서의 작업 분할, 작업량, 작업속도는 모두 기계적 고려를 바탕으로 정해집니다. 작업의 연속성, 일률성, 규칙성, 질서를 보장하는 것은 인간이 아니라 기계 시스템이지요.

다음 책에서 본격적으로 다룰 내용이기는 합니다만 '기계제'는 도구의 진화로 출현한 게 아닙니다. 기계 시스템은

500개로 분화한 망치에서 시작된 것이 아니라는 말입니다(그 것들이 물질적이고 기술적인 토대의 일부인 것은 맞지만요). 망치 같은 도구나 제분기 같은 기계(Maschine)는 기계제 대공장에서 사용되는 기계(Maschinerie)의 선행 형태가 아닙니다[마르크스는 개별 기계를 지칭할 때는 'Maschine'을 쓰지만 기계제 대공장에서의 기계(기계 시스템)를 지칭할 때는 'Maschinerie'를 씁니다].

그렇다면 다음 책에서 다룰 기계제 대공장에서 쓰는 기계의 선행 형태인 기계는 대체 무엇일까요. 그것은 매뉴팩처의 망치나 제분기가 아니라 '전체노동자'입니다. 마르크스의 말을 들어볼까요. "매뉴팩처 시대에 특유한(spezifische) 기계(Maschinerie)는 수많은 부분노동자들이 결합한 전체노동자 그 자체에 머물러 있었다."[김, 475; 강, 481] 아직 기계는 제분기에 머물러 있었다고 말하지 않고 '전체노동자'에 머물러 있었다고 한 겁니다. 다시 말해 기계제 대공장의 기계는 제분기 같은 개별 기계가 변형된 것이 아니라 '살아 있는 메커니즘'으로서 '전체노동자'가 변형된 것입니다.

○ 노동의 등급화와 자본가가 얻는 이득

전체노동자가 살아 있는 기계라면 부분노동자는 살아 있는 부품이라고 할 수 있을 겁니다. 각각의 부품이 다른 기능을 수행하듯 부분노동자들도 저마다 다른 능력을 발휘해야 합니다. 어떤 작업은 큰 물리적 힘을 필요로 하고 어떤 작업은 민첩성을 필요로 하며 어떤 작업은 고도의 정신적 집중을 필요로 합니다. 작업이 나뉘면 거기에 맞게 노동자들이 배치될 겁니다.

매뉴팩처에서 작업의 기본 토대는 수공업이라고 했는데요. 처음에는 노동자들의 재능을 고려해서 작업을 나누었을 겁니다. 그러나 일단 작업이 나뉘고 그 일을 평생에 걸쳐 하게 되면 해당 노동자에게 그 능력이 특화되어 더욱 발전하게 됩니다. 노동자 한 사람을 온전한 인격체라는 시각에서 보면 부분노동자가 된다는 것은 일면화된 존재, 불완전한 존재로 전락한다는 뜻이지만, 전체노동자의 시각에서 보면 가장 효율적이고 유능한 기관을 갖는 것입니다. "부분노동자의 일면성과 불완전성조차 전체노동자의 사지로서는 그 완전성에 이르는 것"이지요.[김, 475; 강, 482]

그런데 부분노동자들이 수행하는 기능 중에는 쉽게 습득할 수 있는 단순한 것이 있는가 하면 오랜 숙련을 거쳐야 하는 복잡한 것도 있습니다. 기계 부품으로 따지자면 쉽게 대체할 수 있는 단순 부품이 있는가 하면 구하기 어려운 고급 부품도 있지요. 매뉴팩처 자체가 이런 구분을 촉진합니다. 과거의 독립수공업자라면 원료를 정밀하게 다듬는 일만이 아니라 그것을 나르고 정리하는 일까지 했을 겁니다. 하지만 매뉴팩처는 모든 일들이 분할되어 있습니다. 그런데 누구나 쉽게 습득할 수 있는 일에 뛰어난 재능과 오랜 숙련을 필요로 하는 노동력을 투입할 필요는 없을 겁니다. 고급노동력은 구하기도 어렵지만 굳이 필요 없는 비용을 들이는 셈이니까요.

이처럼 매뉴팩처는 노동의 종류만이 아니라 등급의 분화도 촉진합니다. 고급노동, 복잡노동이 있는가 하면 저급노동, 단순노동이 있지요(이 등급에 따라 임금도 달라지겠지요). 그리고 노동의 종류가 그렇듯 등급도 고착화되는 경향이 있습니다. 한편에는 일면적이기는 하지만 고도로 전문화된 노동이 있는가 하면 다른 한편에는 '일체의 발달이 배제된 전문성'(전문성이 전혀 없는 노동)이 있습니다. 전문성이 없는 일을 전문으로 하는 노동자들이 있다는 겁니다. 이런 노동은 평생 그 일에 종사한다 해도 고급노동자가 되지 않습니다. 평생을 단순노동 종사자, 달리 말하면 평생을 미숙련공으로 사는 사람들이 생겨나는 것이지요.[김, 476; 강, 482~483]

이는 과거 독립수공업자나 길드의 도제와는 다릅니다. 평생을 도제로 살고자 하는 도제는 없을 겁니다. 여기서 미숙련은 '아직' 숙련이 되지 않았다는 의미일 뿐입니다. 즉 일시적 상태이지 영구적 상태가 아니에요. 하지만 매뉴팩처에서는 미숙련공이 숙련공만큼이나 누군가의 배타적이고 항구적인 지위가 됩니다. 마치 값싼 소모품과 같습니다. 항상 필요하지만 중요한 부품은 아닌 거죠.

자본가에게는 이런 '분할'이 큰 이득을 줍니다. 미숙련공의 경우에는 숙련에 필요한 교육비가 들지 않고요, 숙련공의 경우에도 동일한 부분노동만 반복하기 때문에 여러 일을 해야 하는 독립수공업자에 비하면 교육비가 상대적으로 적게 듭니다. 따라서 노동력의 가치가 줄어듭니다. 이는 노동일 중 필요노동시간이 줄어들고 상대적으로 잉여노동시간이 늘어 난다는 의미입니다.[김, 477; 강, 483] 상대적 잉여가치가 생겨 나는 거죠.

4

사회적 분업과 매뉴팩처 분업
그리고 자본주의

"참 특이하다."
마르크스는 부르주아들의 정신세계에 대해
그렇게 말했습니다. 사회적 분업은
원리상 어떤 초월적 권위도 있을 수 없습니다.
반면 매뉴팩처 분업에는
'자본가'라는 명확한 권력자가 있습니다.
공장 노동자들은 '사회적 분업'하의
독립된 생산자와는 지위가 완전히 다릅니다.
자본가에게 철저히 예속된 존재죠.
그런데 자본가들은 참 특이합니다.
한편으로는 공장 제도를 찬양하면서도
전체 노동을 사회적 차원에서
계획하고 분배하자는 주장에 대해선,
사회 전체를 집단 공장으로 만들려 하느냐고
게거품을 물면서 반대했으니까요.

바츨라프 홀라르, 이솝 우화 「배(belly)와 그 멤버들」에 그린 에칭 판화, 1668.
마르크스는 매뉴팩처가 특수하고 일면적인 능력만 발전시킴으로써
노동자를 '불구화'한다고 비판했다. 인간이 특수한 기관으로
전락했다는 점에서 메네니우스 아그리파의 우화가 현실이 되었다고 했다.
로마의 장군 메네니우스 아그리파는 '귀족의 배'가 '사지(四肢)에 해당하는 평민'을
먹여 살린다고 주장했으나 실제로 로마의 부를 먹어치우는 귀족의 위장은
단지 귀족의 사지로만 양분을 보낸다.

애덤 스미스(A. Smith)의 『국부론』은 '분업'에서 시작합니다 (제1장 제목이 '분업'이지요). 『자본』의 경우도 그렇습니다만 저자에게 출발점은 중요합니다. 대개는 익숙한 현상에서 시작하지요. 누구나 받아들일 만한 이야기를 꺼내놓습니다. 첫걸음은 별도의 정당화 작업 없이 내딛어야 하니까요. 그러나 출발점은 그만큼 특별한 것이기도 합니다. 다른 어떤 것이 아닌 그것을 출발점으로 삼은 데는 그만한 이유가 있을 겁니다. 열매를 품은 씨앗처럼 앞으로 펼쳐나갈 이야기의 핵심이 거기 담겨 있는 거죠.

◦ 매뉴팩처 시대의 학자 애덤 스미스

애덤 스미스는 『국부론』 첫 문장을 이렇게 적었습니다. "노동생산력의 대단한 향상, 그리고 어떤 노동에서든 발휘되고 적용되는 대부분의 숙련과 기교, 판단은 분업의 효과인 듯하다."[33] 분업 덕분에 인간의 재능이 개발되었고 처분 가능한 생산물의 양이 크게 늘었다는 겁니다.

그는 자신이 직접 목격한 매뉴팩처를 예로 들었습니다.[34] 기계도 없이 열 명 안팎의 노동자가 핀을 만드는 영세한 작업장이었는데요. 숙련되지 않은 사람이 혼자서 핀을 만든다면 하루 종일 20개, 아니 단 1개도 만들어내기가 쉽지 않을 겁니다. 그런데 이 매뉴팩처에서는 열 명의 노동자들이 하루에 무려 4만 8000개의 핀을 생산했습니다. 분업 덕분에 노동자 개인의 재능이 개발되고 노동자 전체의 생산력이 비약적으로 신장한 겁니다.

　　그런데 스미스는 이 작은 작업장에서 일어나는 일이 사회 전체에서도 일어나고 있다고 생각했습니다. 우리 눈에 보이지는 않지만요. 그는 사회 전체에 걸쳐 있는 아주 거대한 매뉴팩처를 머릿속에 그려봅니다. 사람들은 이 거대한 매뉴팩처의 존재를 알아차리지 못하는 것인가. 누구나 자기 앞의 것은 보지만 사회 전체를 볼 수는 없으니까요. 스미스는 이렇게 말합니다. "다수 국민의 대규모 수요를 충족시키는 거대한 매뉴팩처들의 경우에는 각 작업부문마다 아주 많은 노동자들을 고용하기 때문에 그들 모두를 동일한 작업장으로 모을 수 없다. 그리하여 우리는 하나의 부문에 종사하는 노동자들보다 많은 숫자를 한 번에 볼 수 없는 것이다. 그래서 그런 매뉴팩처들의 경우에는 소소한 매뉴팩처들보다 사실상 훨씬 많은 부분으로 분할되어 있을지 모르지만, 그 분할은 그렇게 분명하지 않고 따라서 훨씬 덜 주목받는다."[35]

　　우리는 한 작업장에서의 분업을 볼 뿐이지만 여러 개의 작업장을 가진 거대 매뉴팩처들도 있습니다. 매뉴팩처 시대의 예는 아니지만 오늘날의 자동차 생산 공장을 떠올려볼까요. 부품들을 조립해서 완성차를 생산하는 공장을 본 사람은 작업용 컨베이어를 따라서 얼마나 많은 노동자가 서로 다른 일을 하는지 알 겁니다. 조립해야 할 부품이 3000가지가 넘습니다. 계기판을 달고 시트를 장착하고 유리를 끼우고, 엔진과 차축과 기어 등을 조립하고, 배선과 배관 작업을 합니다. 하지만 이 모든 작업의 기본 골격이 되는 차체를 납품한 공장도 따로 있겠지요. 거기서도 여러 사람이 여러 가지 일을 했을 겁니다. 철판을 자르고, 자른 철판으로 형태를 만들고, 용접을 하고, 부식을 막기 위해 도장 작업을 했겠지요. 이것은 차체를 제작하는 공장 이야기고요. 어딘가에는 엔진을 제작하는 공장이 있을 테고, 또 어딘가에는 자동차 유리를 생산하는 공장이 있겠지요. 각각의 작업장마다 여러 형태의 분업이 행해질 겁니다.

분업은 더 큰 차원, 이를테면 전체 산업 차원에서도 이루어집니다. 농업과 광업, 제조업도 일종의 분업 관계를 맺고 있는 것입니다. 자동차 산업에서 누군가 엔진을 만들고 누군가 유리를 만드는 것처럼, 사회 전체에서는 누군가 곡물을 생산하고 누군가는 구리를 캐고 누군가는 핀을 만들겠지요.

스미스는 사회 전체의 분업도 매뉴팩처와 다를 바 없다고 생각한 것 같습니다. 핀을 제조하는 매뉴팩처에서 누군가는 철사를 늘이고 누군가는 그것을 끊고 누군가는 뾰족하게 다듬듯이 사회에서도 사람들은 삶에 필요한 모든 것을 혼자 만들지 않습니다. 혼자서 핀도 만들고 곡물도 생산하는 것보다는 한 가지 일을 특화하는 것이 낫지요.

그런데 스미스가 분업에 주목한 것은 생산력의 증대 때문만은 아닙니다. 아마도 그가 더 말하고 싶어하는 것은 그 이전의 문제일 겁니다. 사람들로 하여금 분업으로 나아가게 한 사정 내지 동기 말입니다. 분업이 이토록 발전한 이유는 무엇인가. 저마다 각자의 생산활동을 특화해 생산량을 늘리려고 노력하는 이유는 무엇인가. 그는 분업이 '인간본성에 있는 어떤 성향(propensity)'의 산물이라고 말합니다.[36] 바로 교환 성향이지요. 인간의 경제활동은 이 교환 성향에서 나온 것입니다. 스미스에 따르면 이 성향은 인간에게만 있습니다. 그는 말합니다. "어느 개가 다른 개와 뼈다귀를 공정하고 의도적으로 교환하는 것을 본 사람은 아무도 없다."[37] 인간만이 교환을 통해 생존 문제를 해결하고자 하는 성향을 갖고 있다는 거죠(참고로 마르크스는 교환을 통해 생존을 해결하는 개인이 역사적으로 매우 특수한 것임을 지적한 바 있습니다.『화폐라는 짐승』, 33~35쪽).

　스미스의 이야기를 마저 들어보겠습니다. 인간은 혼자서 살 수 없습니다. 다른 사람의 도움이 필요하지요. 그렇다고 다른 사람의 자비심에 기대어 살아가지는 않습니다. 먹이를 먹는 동물 곁에서 몸을 낮추고 꼬리를 흔드는 식으로는 살지 않는다는 거죠. 스미스에 따르면 우리는 정육점 주인과 빵집 주인의 자비심이 아니라 이기심에 호소합니다.[38] 우리에게 고기와 빵을 건넸을 때 그들에게도 이익이 생기도록 하는 겁니다. 그러려면 주고받아야 합니다. 그들이 원하는 것을 주고 우리가 원하는 것을 받는 거죠. 이게 교환입니다.

　인간이 교환에 나서면서 분업의 효용이 부각되었습니다. 누구나 자신의 생산물을 타인의 것과 교환해야 하는데요. 자신이 잘하는 일을 특화하면 교환에 필요한 생산물을 크게 늘릴 수 있다는 걸 알게 됩니다. 물론 스미스에 따르면 이 깨달

음은 곧바로 생겨나지 않습니다. '아주 느리고 점진적으로' 나타나지요.[39] 처음에는 서로의 재능 차이도 크지 않았을 겁니다. 분업이 발전하면서 저마다 특화된 재능을 갖게 되었고 생산력도 크게 늘어났지요.

스미스의 주장을 요약하자면 이렇습니다. 인간의 교환성향은 분업을 발전시켰고 분업은 인간의 재능과 생산력의 발전을 가져왔습니다. 자본주의 매뉴팩처란, 시간은 좀 걸렸지만 인간본성에서, 특히 인간의 교환 성향에서 필연적으로 발전해 나올 수밖에 없는 분업형태입니다. 즉 매뉴팩처는 자연발생적으로 생겨난 분업이 발전한 결과입니다. 인간은 여러 영역, 여러 차원에서 이런 분업을 발전시켜왔습니다. 개별 작업장에서도, 사회 전체에서도 그렇습니다.

정말 그럴까요. 자본주의사회의 매뉴팩처 분업이나 사회적 분업이 자연발생적 분업의 발전 형태일까요. 또 자본주의사회에서 매뉴팩처의 분업은 사회적 분업과 동일한 것일까요. 마르크스는 스미스에 대해 이렇게 말합니다. "그는 분업에 대해 단 하나의 새로운 명제도 내놓지 못했다." 그럼에도 "분업을 강조했다는 점 때문에 매뉴팩처 시대를 총괄하는 정치경제학자로 불린다."[김, 474, 각주 19; 강, 481, 각주 44]

스미스는 자기 시대의 익숙하고 당연한 것이 역사적으로 얼마나 독특한 것인지를 전혀 이해하지 못했습니다. 자본주의사회의 분업이 과거 형태의 발전이기는커녕 그것의 얼마나 철저한 해체인지를 이해하지 못했지요.

∘ '사회적 분업'의 두 가지 발생 형태

이제 스미스가 동일시했던, 자본주의에서의 매뉴팩처 분업과 사회적 분업의 관계를 살펴보겠습니다. 전자는 개별 공장에서 제품을 생산할 때의 분업이고요, 후자는 사회 전체에서 산업별 혹은 산업의 하위 부문별로 이루어지는 분업입니다. 전자가 한 공장에서 핀을 생산할 때의 분업이라면 후자는 핀과 의복, 곡물을 시장에서 상품으로 교환하기 위해 사회 전체에서 이루어지는 분업이지요.

마르크스는 두 분업의 관계를 본격적으로 살피기 전에 사회적 분업의 발생 형태에 대해 간단히 언급합니다. 매뉴팩처 분업에 대해서는 앞에서 말한 바 있지요. 잠시 환기할 필요는 있겠습니다. 마르크스가 말하는 사회적 분업의 발생 형태가 매뉴팩처 분업의 경우와 논리적으로 상당히 닮았거든요. 매뉴팩처 분업의 발생에는 두 가지 기본 형태가 있다고 했습니다. 하나는 '유기적 매뉴팩처'의 경우로서, 본래는 동일한 업종이었는데 서로 다른 여러 가지 일로 분화한 것이었고요, 다른 하나는 '이종적 매뉴팩처'로서, 본래는 독립적 업종이었던 일들이 서로 결합하면서 상호의존적 관계를 맺는 것이었지요. 그렇다면 상품으로 매개되는 사회적 분업은 어떨까요. 그것은 어떻게 생겨났을까요. 마르크스는 여기에도 두 가지 기본 형태가 있다고 말합니다.[김, 478~479; 강, 484~485]

그런데 이 두 가지 형태를 소개하기 전에 노파심에서 한마디 해두고자 합니다. '매뉴팩처 분업'은 자본주의적 생산형태입니다. 즉 자본주의 생산양식을 전제하지요. 어떤 점에서는 생산물을 '상품으로 교환하는' 사회적 분업의 경우도 그렇습니다. 하지만 여기서 말하는 사회적 분업의 두 가지 기본 형태는 일단 자본주의 생산양식을 전제하지 않고 하는 이야기입니다. 마치 인간노동의 합목적성을 이야기했을 때와 비슷하지요(『생명을 짜 넣는 노동』, 26~27쪽). 인간노동의 합목적성은 자본주의 생산양식을 전제하지 않고서도 말할 수 있습니다. 인간노동의 일반적 속성이니까요. 하지만 마르크스가 여기 주목한 것은 노동력의 상품화를 염두에 두었기 때문입니다. 노동력의 상품화는 인간노동의 합목적성 때문에 가능하니까요.

사회적 분업의 발생에 대해 말할 때도 이런 면이 있습니다. 여러 생산부문들이 독립적이면서도 상호 연계되는(생산물의 교환을 통해) 사회적 분업 체계가 어떻게 생겨났을까. 사실이런 식의 사회적 분업은 아리스토텔레스 시대에도 있었습니다. 당시 샌들을 만드는 장인은 본인 것만 만들지 않았습니다. 그가 만든 대부분의 샌들은 교환을 위한 것이었지요. 자본주의만큼은 아니지만 고대사회에서도 생산물 교환을 목적으로 하는 사회적 분업이 있었을 겁니다. 특정 신분의 사람들이 특정 업종에 종사하며 물건들을 만들어냈겠지요.

물론 이것은 자본주의사회의 분업과는 규모도 다르고 무엇보다 의미가 다릅니다. 자본주의 이전의 사회형태들에서 이뤄진 사회적 분업과 자본주의사회에서 이뤄진 분업이 어떻게 다른지는 조금 뒤에 살펴볼 겁니다. 다만 지금은 사회형태나 생산양식에 대한 고려 없이, 마르크스가 일반적 차원에서 생산물 교환으로 매개되는 사회적 분업이 어떻게 생겨날 수 있는가를 말하고 있다고 보면 되겠습니다.

이제 사회적 분업의 발생에 대한 이야기를 다시 이어가겠습니다. 사회적 분업의 발생과 관련해 두 가지 기본 형태가 있다고 했는데요. 하나는 공동체 안에서 자연발생적으로 나타난 분업이 확대되고 심화되는 경우입니다. 나이나 성별 등의 생리적 차이에 따라 공동체에서 종사하는 일이 달라지는 것이지요. 이를테면 생리적 차이에 따라 사냥하는 사람, 채집하는 사람, 옷감 짜는 사람이 구분되기 시작합니다. 처음에는 일시적 구분이었겠지만 공동체의 규모가 커지면 일의 구분이 점차 굳어집니다. 기능도 더 분화되고요. 이를테면 제사를 전담하는 사람도 생기고 교육이나 의술에 전념하는 사람도 생겨납니다. 게다가 전쟁을 통해 다른 종족을 복속시키는 경우에는 신분에 따라 분화가 더 확대되겠지요.

또 다른 발생 형태는 다른 공동체와 만나 교역을 하는 경우인데요. 마르크스는『자본』제2장에서 교역의 초보적 형태는 공동체 안의 개인들이 아니라, 공동체와 공동체 사이에서 생겨난다고 했습니다(『화폐라는 짐승』, 50쪽). 공동체들은 생활방식도 다르고 생산물도 다르니 상대 공동체의 생산물 중에 갖고 싶은 것이 있겠지요. 예컨대 콩고의 렐레족과 딩가족은 라피아(옷감)와 물고기를 바꾸었습니다. 그런데 이런 식의 교역이 안정화되면 원래는 독립된 공동체들이었음에도 일부 생산물을 서로에게 의존하는 관계가 점차 형성되겠지요. 공동체들 사이에서 생산의 분업 체계가 만들어지는 겁니다.

두 가지 기본 형태는 논리적으로 떠올릴 수 있는 것들이지요. 첫 번째 경우는 동일한 것에서 차이가 생겨난 것이고 두 번째 경우는 차이 나는 것들 사이에 유대가 만들어진 것입니다. 생산물 교환을 목적으로 하는 사회적 분업에 이르는 출발점이 서로 정반대입니다. 하지만 사실 두 형태는 긴밀히 연관되어 있습니다. 첫 번째 경우는 처음에는 단순한 기능 분화였던 것이 나중에 독립된 업종이 되고 생산물을 상품으로 교환하는 상태에 이른 것인데요. 애초 공동체 성원들 일부가 사냥을 하고 다른 일부는 옷감을 짰다 해도 전체가 한 몸으로 두 가지 일을 한 것과 같습니다. 그러니 사냥감도 옷감도 모두가 고루 나누었을 겁니다. 하지만 각각의 일들이 독립된 업종이 되면 사람들은 서로의 사냥감과 옷감을 일정 비율로 교환해야 합니다. 그런데 이것은 공동체 성원들이 서로를 더는 한 몸으로 보지 않는 사태, 다시 말해 서로가 서로를 타인으로 보는 사태의 출현과 함께 일어납니다.

공동체에서 이런 사태가 출현하게 되는 데 큰 영향을 미친 것이 두 번째 형태입니다. 사람들이 서로를 타인으로, 마치 한 공동체가 다른 공동체를 바라보듯 하는 것은 공동체와 공동체 사이에 교환관계가 공동체 안으로 파고들었기 때문이죠. 마르크스는 "어떤 물적 존재가 공동체 외부와의 접촉을 통해 상품이 되면 그 즉시 그것들은 반작용을 일으키며 공동체 내부의 생활에서도 상품이 된다"라고 했지요(『화폐라는 짐승』, 54~55쪽). 즉 다른 공동체와의 상품교환이 공동체 내의 상품교환 그리고 생산의 사회적 분업을 자극하는 겁니다.[김, 479; 강, 485] 물론 이런 일이 단번에 일어나지는 않습니다. 교환이 오랫동안 끊임없이 반복되어야겠지요. 그리고 어떤 때는 상당한 폭력이 개입했을 겁니다(『화폐라는 짐승』, 55~57쪽).

　서구 사회에서 상품교환이 매개하는 사회적 분업이 일반화되는 과정을 여기서 모두 말할 수는 없습니다. 우리는 지금 '상대적 잉여가치'의 생산과 관련해 매뉴팩처 시대의 분업에 대해 이야기하고 있는데요. 서구의 상품 교역 역사를 개괄하기에는 지면도 부족하고 『자본』의 논리적 전개 과정을 흐릴 수도 있습니다. 그래서 마르크스가 『자본』 제4장에서 "16세기에 세계무역과 세계시장이 형성됨으로써 자본의 근대적 생활사가 시작된다"(『성부와 성자』, 23쪽)라고 말하고는 서구에서 세계무역과 세계시장이 어떻게 형성되었는지에 대한 역사 기술은 생략했듯이 우리도 그렇게 할 수밖에 없습니다. 상품교환이 매개하는 사회적 분업의 형성사를 여기서는 생략하고 간다는 겁니다.

　다만 마르크스는 이 역사의 기술에서 고려해야 할 두 가지 사항을 간단히 언급해두었습니다. 하나는 "도시와 농촌의 분리"입니다. 마르크스는 이를 "모든 발전한 분업 그리고 상품교환을 통해 매개되는 분업의 토대(Grundlage)"라고 말합니다. 일종의 기원적 사건이라는 거죠. 그리고 "사회의 경제사 전체를 이 둘의 대립 운동으로 요약"할 수 있다고 했습니다. 정말로 궁금증을 유발하는 언급인데요(이에 대해서는 부록노트를 참고하세요). 그는 논의가 지나치게 확대될 것을 염려했는지 "여기서는 이에 대해 더 이상 언급하지 않겠다"라고 말합니다.[김, 479; 강, 485~486]

　또 하나 마르크스가 강조한 것은 인구의 크기와 밀도입니다. 일정 수 이상의 노동자가 모여야 매뉴팩처의 분업이 가능한 것처럼, 상품교환이 매개하는 사회적 분업도 일정 규모이상의 인구가 모여 살았을 때 가능합니다. 물론 이때의 인구밀도는 인구수에만 달린 게 아닙니다. 교통이 발전하면 인구가 상대적으로 적더라도 밀도는 높아집니다. 교통의 발전은 공간을 작게 만드니까요. 이 점에서만 보면 상품교환이 매개하는 사회적 분업은 인도보다 미국 북부의 주들에서 출현하기가 쉽습니다. 인구수는 적지만 교통이 더 발전했으니까요. [김, 480; 강, 486] 서구에서 사회적 분업의 발전은 교통의 발전과 함께 고려되어야 합니다.

◦ 사회적 분업과 매뉴팩처의 분업

이제 스미스가 암묵적으로 동일시했던 매뉴팩처의 분업과 사회적 분업의 관계를 검토해보겠습니다. 매뉴팩처는 자본주의적 생산형태의 하나입니다. 즉 우리는 자본주의 생산양식이 지배하는 사회에서 두 가지 분업이 맺고 있는 관계를 다루는 것입니다. 자본주의에서 둘은 긴밀히 연관됩니다. 서로가 서로의 발전을 전제하고 또 촉진하지요.

먼저 매뉴팩처는 상품교환이 매개하는 사회적 분업이 어느 정도 진척되었을 때 출현한다고 할 수 있습니다. 자본가가 다수의 노동자와 많은 생산수단을 동원해 상품생산에 나선다는 것은 그만큼 그 사회의 상품유통이 활발하다는 뜻입니다. 즉 상품교환이 매개하는 사회적 분업이 상당히 발전해 있는 거죠. 사실은 자본주의의 역사적 출현 자체가 그렇습니다. 마르크스의 말대로 "자본의 근대적 생활사"가 "16세기 세계무역과 세계시장의 형성"으로 시작된 겁니다. 상품의 생산과 유통이 어느 정도 발전한 후에야 자본주의적 생산양식이 출현하는 거죠.

하지만 반대 방향도 성립합니다. 매뉴팩처가 점차 발전할수록 그 때문에 사회적 분업도 촉진되니까요. 특히 노동도구가 분화하면 그 도구를 생산하는 산업도 분화하게 되지요. 매뉴팩처의 발전과 더불어 버밍엄에서만 500종에 달하는 망치가 생산되었다고 앞서 말했는데요. 이 정도로 많은 종류의 망치가 생산되었다면 거의 하나의 업종이라고 불러도 좋을 겁니다. 오늘날로 말하자면 반도체 산업 같은 거죠. 반도체는 여러 전자 제품에 쓰이는 핵심 부품인데, 반도체 생산은 오늘날 업체 수준이 아니라 업종 수준에서 이루어지고 있지요. 물론 자동화된 공장에서 생산하는, 반도체 같은 상품을 매뉴팩처 시대를 이야기하며 언급하는 게 적절치는 않지만요. 마르크스가 이 시기의 적절한 예로 든 것은 방추입니다. 방적업에서 사용되는 도구죠. 그런데 17세기 네덜란드에서는 방추 제조가 한 산업부문을 형성할 정도로 커졌다고 합니다.[김, 480, 각주 30; 강, 486, 각주 54]

그러나 매뉴팩처의 분업과 사회적 분업이 서로 긴밀히 연관된다고 해서 둘이 같은 것은 아닙니다. 마르크스는 둘이 "정도의 차이만이 아니라 본질적으로(wesentlich) 다르다"라고 했습니다.[김, 481; 강, 487] 겉보기에는 유사해 보일 수 있습니다. 매뉴팩처에서의 유기적 분업처럼 업종들이 내적으로 연결되어 있다면 더 그렇습니다. 이를테면 가축을 기르는 목축업자와 가죽을 다루는 피혁업자, 가죽으로 구두를 만드는 제화업자의 경우지요. 여기서는 한 업종의 생산물이 다른 업종의 원료가 됩니다. 한쪽에서 만든 것을 다른 쪽으로 넘겨주지요. 스미스가 떠올린 대규모 매뉴팩처, 즉 우리가 직접 눈으로 볼 수는 없지만 사회 전체에 걸쳐 있는 매뉴팩처가 이런 식이었을 겁니다. 마르크스도 여기에 주석을 달아 스미스의 해당 글을 길게 인용하고 있습니다.[김, 482, 각주 33; 강, 488, 각주 57]

하지만 매뉴팩처의 분업과 사회적 분업은 엄연히 다릅니다. 우선, 나뉜 일을 매개하는 것이 전혀 다릅니다. 사회적 분업의 경우, 그러니까 목축업자와 피혁업자와 제화업자를 매개하는 것(각각의 매뉴팩처 노동자들을 다른 매뉴팩처 노동자들과 매개하는 것)은 '상품'입니다. 피혁업자가 제화업자에게 넘기는 가죽은 '상품'이라는 말입니다. 이때 업체들은 상품공급 사슬로 묶여 있지요.

　그러나 매뉴팩처에서 한 부분노동자가 다른 부분노동자에게 넘겨주는 것은 상품이 아닙니다. 가령 피혁업자를 거치지 않고 목축업자에게 날가죽을 넘겨받아 가공한 후 구두를 만드는 제화 매뉴팩처가 있다고 해봅시다. 이 매뉴팩처의 전체 공정에는 분명 피혁업자의 단계가 있을 겁니다. 한 무리의 부분노동자들이 손질된 가죽을 다른 부분노동자들에게 넘기는 단계 말입니다. 이때의 가죽은 물리적으로는 피혁업자가 상품으로 넘기는 가죽과 동일하지만 '상품'은 아닙니다. 원료에서 완제품으로 나아가는 단계에 있는 '중간물'이지요. 가죽을 상품으로 넘기는 것과 중간물로 넘기는 것 사이에는 큰 차이가 있습니다. 곧이어 보겠지만 넘기는 사람과 받는 사람의 관계, 이 관계를 규정하는 법칙 등이 모두 달라지죠. 그렇다고 매뉴팩처 노동자들을 하나로 묶고 있는 것이 '중간물'이라고 말할 수는 없습니다. 이들을 한데 모으고 배치한 존재는 따로 있으니까요. 바로 자본가입니다. 이들은 모두 동일한 자본가한테 고용된 사람들입니다. 이들의 동일성은 자본가의 동일성, 더 엄밀하게 말하면 자본의 동일성입니다. 이들은 모두 동일한 자본(그중에서도 가변자본)의 부분들입니다.[김, 483; 강, 489]

　상품이 매개하는 관계와 동일한 자본가에게 소속된 관계. 이 차이는 분업을 규제하는 법칙과 그 법칙이 관철되는 양상을 완전히 다른 것으로 만듭니다. 먼저, 상품으로 매개되는 사회적 분업은 독립된 다수의 생산자를 전제합니다. 하나의 일과 다른 일, 하나의 매뉴팩처와 다른 매뉴팩처는 마르크스가 상품의 가치나 상품소유자들의 관계에 대해 말할 때와 같은 의미에서 '사회적' 관계를 맺고 있습니다. 여기서 '사회적'이라는 것은 서로가 서로를 독립된 타인으로 여긴다는 뜻입니다. 개인들은 서로의 사정을 알지 못한 채로, 미리 정해진 계획이나 체계 없이 행동합니다(『화폐라는 짐승』, 58쪽). 개인으로서는 미리 알 수도 없고 제어할 수도 없는 상황 속에 있는 겁니다.

'사회적 분업'하에서는 특정 업종에 얼마나 많은 사람들이 종사해야 하는지 미리 알 수가 없습니다. 우연과 자의성이 개입하지요.[김, 484; 강, 489] 한때 한국 사회에서 대만식 카스텔라가 유행한 적이 있습니다. 정말로 많은 가게들이 생겨났습니다. 개인들로서는 과잉생산 여부를 미리 알 수 없고 새로운 개인들이 여기 뛰어드는 것을 막을 권한도 없습니다. 자기 작업장 안의 일은 통제할 수 있지만 사회적 분업은 통제할 수 없지요. 그래서 결국 마르크스가 인용했던 속담처럼 되고 말았지요. "함께 잡히면 함께 죽는다."(『화폐라는 짐승』, 120쪽) 카스텔라를 판매하는 많은 가게들이 문을 닫았고 여기 원료를 납품하던 업체들이 망했습니다.

사회적 분업에 우연과 자의성이 개입한다고 해서 법칙이나 경향이 없는 것은 아닙니다. 각각의 영역이 적절한 균형을 찾아가지요. 누가 지시하지는 않지만 전체적으로 제분업과 제빵업의 적절한 비율을 찾아가는 경향이 있습니다. 이는 한편으로 제품마다 충족해야 할 사회적 욕구(수요)는 양적으로 다르지만 어떤 내적 유대가 그 상이한 욕구들을 하나의 체계에 묶어두기 때문입니다. 이를테면 밀가루와 빵에 대한 사회적 욕구(수요)의 양은 각각 다르지만 이 욕구들이 일정하게 엮여 하나의 체계를 이루고 있다는 말입니다. 또 한편, 상품의 가치법칙이 각 상품의 생산에 투여될 노동의 양을 결정합니다. 상품의 가치는 그것을 생산할 때 사회적으로 필요한 노동량으로 결정되는데요. 이 가치법칙이 사회의 노동 총량에서 얼마만큼을 해당 상품의 생산에 투입해야 하는지 알려줍니다.

그런데 문제가 있습니다. 이 법칙, 이 결정은 사전에 알 수 있는 게 아닙니다. 외적 경쟁을 통해 사후적으로 판명 나는 법칙이지요. 앞서 말했던 '경쟁의 외적 강제법칙'과 같습니다. 사회적 차원에서 분업의 균형점, 업종이나 업체 간의 적절한 비율을 규정하는 법칙은, 마치 시장가격이 그런 것처럼 '사후적'으로 그리고 때에 따라서는 상당히 '폭력적'으로 관철됩니다. 대만식 카스텔라가 그랬지요. 결국 상황은 해소되었고 균형이 찾아왔습니다. 많은 가게들이 문을 닫고 업체들이 부도를 맞은 후에 말이지요.

매뉴팩처 분업은 사회적 분업과 정반대입니다. 얼마나 많은 노동력을 어디에 쓸 것인가. 매뉴팩처 분업에서는 이것이 자본가의 계획 속에, 내적 '비례와 비율의 철칙(eherne Gesetz)'에 따라 사전에 정해져 있습니다. 사회적 분업의 경우 원리상 어떤 초월적 권위도 있을 수 없습니다. 굳이 말하자면 '경쟁'만이 유일한 권위였지요. 하지만 매뉴팩처 분업에는 자본가라는 명확한 권력자가 있습니다. 분업 중인 노동자들은 사회적 분업의 독립된 생산자와는 지위가 완전히 다릅니다. 노동자들은 자본가에게 철저히 예속된 존재입니다.

우리는 그동안 자본가가 작업장과 사회에서 얼마나 다르게 행동하는지를 언급하는 문장을 여러 차례 만났습니다. 작업장 안에서 그는 자신만의 '독자적 형법'을 가지고 태만과 낭비의 범죄를 추궁하는 전제군주였습니다. 그러나 사회에서는 '뒷일은 난 몰라' 하는 식으로 무책임하게 행동하며 어떤 사회적 규제에도 반대하는 아나키스트입니다. 매뉴팩처 분업과 사회적 분업에서도 마찬가지입니다.

마르크스는 두 분업에 대해 부르주아가 보이는 상반된 태도를 이렇게 꼬집습니다. "매뉴팩처의 분업, 즉 노동자들을 세부적 작업에 평생을 묶어두고, 이들 부분노동자들을 자본의 통제 아래 무조건적으로 예속시키는 것을 노동의 생산력을 높이는 노동의 조직화라며 찬미하는 부르주아적 의식은 사회적 생산과정에 대한 일체의 의식적·사회적 통제나 규제에 대해서는 개별 자본가의 신성불가침의 소유권과 자유, 자율적인 '독창성'에 대한 침해라고 목청 높여 비난한다."[김, 484; 강, 490]

"참 특이하다"(sehr charakteristisch). 마르크스는 부르주

아들의 정신세계에 대해 그렇게 말했습니다.[김, 485; 강, 490] 한편으로는 공장 제도를 그렇게 찬양하면서도 다른 한편으로는 전체 노동을 사회적 차원에서 계획하고 분배하자는 사회주의자들의 주장에 대해서는, 사회 전체를 집단 공장으로 만들려 하느냐고 게거품을 물면서 반대했으니까요.

◦ 분업의 형태는 시대마다 다르다

자본주의적 생산양식이 지배하는 사회에서 볼 수 있는 매뉴팩처의 분업과 사회적 분업의 관계는 다른 사회형태에서는 보기 어렵습니다. 스미스는 매뉴팩처 분업과 사회적 분업의 본질적 차이를 알아보지도 못했지만, 자기 시대의 두 분업 사이의 관계가 역사적으로 얼마나 독특한 것인지도 알아보지 못한 겁니다. 마르크스는 시대마다 분업형태가 얼마나 다른지 그 형태만 알면 시대를 알아낼 수 있을 정도라고 말한 바 있습니다.[40] 마르크스에 따르면 자본주의 이전의 사회형태들에서 사회적 분업과 작업장 분업이 맺는 관계는 자본주의에서 맺는 관계와 정반대입니다. 사회적 분업의 조직과 관련해서는 강력한 권위가 행사되는 데 반해 작업장 분업의 조직에서는 대체로 권위가 약하고 우연적이며 산발적이라는 겁니다.[41][김, 485; 강, 490]

본문에서 마르크스는 두 가지 예를 들었는데요. 하나는 인도의 작은 공동체들이고 다른 하나는 서구의 길드입니다. 먼저 인도의 작은 공동체들을 살펴볼까요. 마르크스가 『자본』을 쓸 당시 인도는 이미 영국에 의해 국제적 규모의 자본주의적 생산체제에 편입되어 있었습니다. 인도 자체가 영국과의 분업 관계에 있었고(인도의 면화 생산은 영국의 면직물 산업과 연계되었지요) 인도 사회 안에서도 상품교환을 매개로 하는 사회적 분업이 형성되고 있었습니다. 하지만 이 체계에 들어와 있지 않은 소규모 공동체도 있었습니다. 마르크스가 언급한 것은 이런 공동체들입니다.

이들 공동체에서도 사회적 분업이 이루어집니다. 하지만 생산물을 상품 형태로 거래하지는 않습니다. 토지를 공동 경작하고 생산물을 공동 분배하지요. 가내부업의 형태로 실을 잣고 옷감도 짭니다. 하지만 이것도 기본적으로는 자신들의 수요를 위한 것이지 판매용이 아닙니다. 물론 사회적 분업은 존재합니다. 공동체에는 서로 다른 일을 하는 사람들이 있습니다. 촌장은 재판과 치안과 징세 업무를 총괄해서 맡고 있고, 농경에 관계된 기록과 계산을 전담하는 서기도 있으며, 저수지의 물을 살피는 관리도 있고, 종교적 행사를 주관하는 브라만과 아이들 교육을 담당하는 교사, 농기구를 제조하는 대장장이와 목수, 도자기를 만드는 도공도 있습니다. 일종의 분업 체계죠. 물론 이런 일을 맡는 사람이 많지는 않습니다. 대장장이나 도공을 맡는 이는 한 명이거나 기껏해야 두세 명이지요. 이 규모로는 작업장 분업은 하고 말고 할 것도 없습니다. 공동체의 사회적 분업은 신분과 전통에 따라 엄격하게 결정됩니다만 작업장에서는 각자 알아서 일하는 구조인 겁니다.

마르크스는 이를 "자족적 생산의 총체"(Produktionsganze)라고 불렀습니다.[김, 485; 강, 491] 이 '자족성'은 한편으로 '독립성'을 나타내지만 다른 한편으로는 '불변성'을 나타냅니다. 자족적이라면 굳이 변할 이유가 없으니까요. 마르크스는 후자에 주목했습니다. 그는 소위 말하는 '아시아 사회의 불변성의 비밀을 풀 열쇠'가 여기에 있다고 했지요.[김, 487; 강, 492] 왕조가 바뀌고 정치체제가 바뀌어도 아시아 사회의 기본 단위인 촌락공동체에는 변화가 없다는 것인데요. 이는 곧바로 아시아 사회의 정체성에 대한 주장으로 이어질 수 있습니다. 아시아 사회는 외적 강제가 없는 한 내적인 변화 동력이 없다는 식의 주장 말입니다.

일단 여기서는 인도 공동체의 '불변성'을 자본주의적 생산에서 나타난 '축적'이나 '팽창성'과 대비해서 이해하면 되겠습니다만, 비근대적·비서구적 사회형태에 대한 마르크스의 이해방식에 대해서는 생각해볼 문제가 많습니다. 특히 마르크스가 인용한 문헌들이 우려를 낳는데요. 인도에 가본 적 없는 마르크스는 아마도 책을 통해 인도를 접했을 겁니다. 그런데 여기서 마르크스가 인용한 문헌의 저자는 마르크스 스스로 밝히고 있듯 '육군 중령', '자바의 부총독' 등입니다. 오리엔탈리즘이나 식민주의에서 자유로울 수 없는 사람들이지요(인도에 대한 마르크스의 언급은 부록노트를 참고하세요).

자본 축적과 생산 확장의 계기를 갖고 있지 않았다는 점에서는 중세 서구의 길드도 마찬가지였습니다. 중세에 서구의 도시는 사회적 분업을 관장하는 엄격한 규칙이 있었습니다. 길드에 관한 법률(Zunftgesetze)에 장인이 고용할 수 있는 직인과 도제의 수가 규정되어 있었지요. 생산규모를 함부로 키울 수가 없었습니다. 이렇게 해서는 장인이 자본가로 변신할 수 없어요. 게다가 장인은 자신이 속한 업종에서만 직인을 충원할 수 있었습니다. 상황의 변화로 분업이 심화되면 기존의 길드가 분화하거나 기존 길드 옆에 새로운 길드가 생겨났습니다. 그러나 기존 길드를 키우거나 몇 개의 길드를 하나로 통합할 수는 없었습니다.[김, 487; 강, 493]

작업형태에서도 길드는 매뉴팩처와 크게 달랐습니다. 길드의 직인이나 도제도 특정 시기에 특정한 일을 맡을 수 있습니다만 매뉴팩처의 부분노동자와는 달랐습니다. 도제는 제품의 생산에 관한 모든 일을 결국에는 다 익혀야 합니다. 그리고 길드의 작업도구도 작업을 하는 노동자들의 것입니다. 매뉴팩처에서는 자본가가 생산수단을 갖추고 노동자들을 고용합니다만, 길드에서 일하는 장인과 직인은 생산물만 상인들에게 팔 뿐 노동력은 팔지 않습니다. 마르크스의 표현을 빌리자면, 길드에는 "매뉴팩처의 일차적 토대"(사실은 '자본주의 생산양식의 일차적 토대')가 결여되어 있었던 거죠.[김, 488; 강, 493]

결국 길드는 매뉴팩처로 발전할 수 없습니다. 비록 길드 시대의 업종 분화나 분리가 매뉴팩처 시대의 물적 토대가 되었다고 해도 길드 자체가 매뉴팩처로 전환될 수는 없습니다. 그러므로 매뉴팩처는 길드의 발전 형태가 아니라 길드 체제의 해체로 성립한 생산형태이지요. 사회적 분업을 규정하는 봉건적 질서가 해체되었을 때 매뉴팩처 분업도 가능해진 겁니다. 실제 역사를 보아도 중세의 도시에서는 매뉴팩처가 생겨나지 않았습니다. 오히려 길드에 대한 통제력이 약했던 농촌이나 해안 지역에서 생겨났지요. "그런 곳이 수출항으로서 이점도 있었지만 봉건적 질서의 통치력이 약한 곳이었기 때문"입니다.[김, 1028; 강, 1007]

° 자본의 부속물이 된 노동자

지금까지 사회적 분업과 매뉴팩처 분업의 관계를 살펴보았는데요. 사실 사회적 분업은 자본주의적 생산양식이 지배하지 않는 곳에서도 다양한 형태로 존재해왔습니다. 심지어 상품교환이 매개하는 사회적 분업도 자본주의 이전의 사회형태들에 어느 정도 존재했습니다. 자본주의만큼 전면적이지는 않았지만요. 하지만 매뉴팩처 분업은 그렇지 않습니다. 매뉴팩처 분업은 "전적으로 자본주의적 생산양식 특유의(spezifische) 창조물"입니다.[김, 488; 강, 493] 자본주의에서만 볼 수 있는 생산형태인 것이지요.

앞서 매뉴팩처를 분업에 기초한 협업이라고 했는데요. 이것은 노동형태만 고려해서 한 말입니다. 그러나 협업도 분업도 그 자체로는 자본주의적 성격을 담고 있지 않습니다. 심지어 '분업에 기초한 협업'조차 처음에는 자본주의와의 관련 없이 '자연발생적으로' 생겨날 수 있습니다.[김, 494; 강, 499]

그러므로 노동형태만 가지고는 자본주의적 생산형태로서 매뉴팩처의 성격을 충분히 파악할 수 없습니다. 매뉴팩처의 자본주의적 성격을 제대로 이해한 것이 아니라는 말입니다.

전체 공정을 여러 부분작업으로 나누고 노동자들을 평생 부분노동에 종사하는 부분노동자로 만드는 것, 전체 공정을 하나의 살아 있는 생산 메커니즘이 되게 하는 것. 이것은 노동형태만 보고 매뉴팩처의 작업장을 묘사한 것입니다. 그렇기에 도대체 왜 이런 일이 일어났는지, 어떻게 해서 이것이 한 시대의 지배적 생산형태가 되었는지를 말해주지 않습니다. 스미스라면 이렇게 말하겠지요. 매뉴팩처 분업은 분업의 발전 형태인데, 분업은 인간본성에 속한 교환 성향에서 나온 것이라고. 결국 인간본성으로 돌아가는 것인데요. 이것은 언젠가 말한 것처럼 역사가 아니라 형이상학입니다.

우리는 매뉴팩처가 자본주의적 생산형태로서 등장했다는 점을 생각해야 합니다(자연발생적으로 생겨날 수도 있지만, 이것이 "의식적이고, 계획적이며, 체계적인 형태"가 된 것은 자본주의에 들어서면서입니다[김, 494; 강, 499]). 자본주의적 생산형태로 등장했다는 것은 그것이 자본의 원리 내지 목적을 실현하는 방법 중 하나라는 뜻입니다. 즉 잉여가치의 생산방법, 더 좁혀 말하면 상대적 잉여가치를 생산하는 방법인 것이지요. 그리고 잉여가치의 생산방법이라는 것은, 그것을 뭐라고 부르든 상관없이, "노동자를 희생시켜 자본의 자기증식을 높이는" 방법이라는 뜻입니다[마르크스는 스미스를 조롱하듯 매뉴팩처 분업을 통해 생산된 잉여가치를 '국부'(Wealth of Nations)라고 부른다고 해서 이런 사정이 달라지는 것은 아니라고 말하고 있습니다[김, 495; 강, 500]}.

　매뉴팩처 분업이 노동생산력을 크게 증대시킨 것은 틀림없습니다. 그러나 그것이 상대적 잉여가치의 생산과 관련되는 한 생산력 증대가 착취의 증대와 나란히 갑니다. 매뉴팩처의 분업이 노동자 개인의 특수한 능력을 개발하고 발전시킨 것도 맞습니다. 그러나 자본가의 이익에 대한 고려가 우선인 한 노동자의 증대된 능력은 증대된 무능력과 나란히 갑니다(특수한 재능만 키우기 위해 다른 재능들은 억압하니까요). 마르크스가 매뉴팩처 분업에 대해 "한편에서는 역사적 진보로 나타나지만" "다른 한편에서는 더 문명화되고 세련된 착취 수단으로 나타난다"라고 말한 것은 이 때문입니다.[김, 495; 강, 500]

　매뉴팩처 분업은 단순협업과는 비교할 수 없을 정도로 노동에 대한 자본의 지배력을 높입니다.[김, 489; 강, 494] 앞서 독립수공업자와 부분노동자의 노동을 비교했었는데요. 단순협업의 경우 노동자들은 공동의 작업 속에서도 독립수공업자와 조금은 비슷한 면모를 지닙니다. 어느 정도는 자신만의 노동 스타일을 가지고 있지요. 하지만 매뉴팩처 분업에서는 그런 것이 유지될 수 없습니다. 전체의 리듬에 맞추어야 하니까요. 부분노동자는 온전한 노동자가 아니라 전체노동자의 한 부분, 한 기관이 됩니다. 독립성이 사라지지요.

앞서 나는 '부분노동자'를 '부분적인 일을 하는 노동자'로 읽지 말고 '부분으로 존재하는 노동자'로 읽자고 했습니다. 일종의 '부분인간'이라고요. 부분노동자는 온전한 노동자가 아닙니다. 노동자의 실존에 큰 변화가 생긴 거죠. 처음 노동력을 판매할 때 노동자는 자본가와 대등한 인격체입니다. 온전한 인간이고 온전한 노동자이지요. 그런데 매뉴팩처에서 오래 일하고 나면 '부분노동자'가 됩니다. 특정 부분노동에 최적화된 사람이 되는 거죠. 시간이 흐를수록 그의 능력은 배가됩니다. 하지만 자본가의 작업장에서 다른 노동자들과 특정한 배치를 이룰 때만 그렇지요. 그곳을 떠나면 어떻게 될까요. 평생 동안 바퀴만 조립해온 노동자를 떠올려봅시다. 그는 그 일을 누구보다 빠르고 정확하게 수행하는 능력자입니다. 그런데 해고 통보를 받으면 어떻게 될까요. 그는 갑자기 제대로 할 수 있는 게 아무것도 없는 무능력자가 됩니다. 혼자서는 아무것도 만들 수 없는 사람이지요.

처음에 노동자가 노동자로 된 것, 즉 자본가에게 자신의 능력(노동력)을 판매한 것은 생산수단을 갖지 못했기 때문입니다. 그런데 이제는 자본에게 판매되지 않으면 아무런 능력도 갖지 못하는 사람이 되었습니다. 그것도 자본가 일반이 아니라 특정한 자본가에게 팔려야 합니다(최소한 동일 업종의 자본가에게 팔려야 하지요). 이제 그는 해당 자본가의 작업장을 떠나서는 아무것도 할 수 없다는 점에서 자본가의 진정한 부속물이 되었다고 할 수 있습니다. 특정한 작업장의 부분노동에 최적화된 노동자의 몸은 농장의 가축에 붙어 있는 인식표와 같습니다. 거기 소속, 거기 재산이라는 뜻이지요. "여호와에게 선택받은 민족의 이마에 그 민족이 여호와의 소유물이라고 쓰여 있는 것처럼, 분업은 매뉴팩처 노동자에게 그가 자본의 소유물임을 표시하는 낙인(Stempel)을 찍는다."[김, 490; 강, 495]

◦ 매뉴팩처 시대에 탄생한 학문 ①―산업보건학
자본주의적 노동과정은 우리 시리즈 5권의 제목('생명을 짜 넣는 노동')처럼 기본적으로 노동자의 생명력을 소진시키는 과정입니다. 죽어가면서 가치를 더하는 노동이라 할 수 있지요. 그런데 마르크스는 매뉴팩처 분업에서 또 다른 형태의 생명력 상실을 봅니다. '부분노동자화'와 관련된 것인데요. 매뉴팩처는 노동자의 특수한 재능 한 가지만 집중 육성하고 평생 그 일에 매달리게 함으로써 노동자를 '불구' 내지 '기형'(Abnormität)으로 만듭니다. 마르크스의 표현을 그대로 옮기자면 '불구화(장애화)한다'(verkrüppeln)라고 할 수 있지요.[김, 489; 강, 495]

이는 노동자의 능력을 '양적으로' 얼마나 소진시키는가 하는 문제와는 다릅니다. 생명력의 양적 소진이라기보다 질적 소진이라 할 수 있거든요. 매뉴팩처는 노동자의 정신과 신체의 다면적 발전을 가로막습니다. 한 기능을 얻기 위해 다른 기능들의 발전을 억누르는 겁니다. 마르크스는 이를 가축

하나 얻으려고 동물을 통째로 죽이는 것에 비유했습니다.[김, 489; 강, 495] 작업장에 필요한 기능 하나를 얻기 위해 인간 전체를 죽이는 일과 같다는 거죠. 『자본』 제4장 끝에서 마르크스는 노동력을 판매하고 난 뒤의 노동자를 '가죽을 팔고서는 무두질만을 기다리는 처지의 사람'이라고 썼는데요(『성부와 성자』, 157쪽). 여기서는 그 가죽 하나 때문에 노동자가 통째로 죽어가고 있다고 말하는 것 같습니다(참고로 마르크스는 매뉴팩처 노동자의 처지를 설명하기 위해 장애인과 동물을 곧잘 비유로서 끌어들였는데요.[42] 이에 대해서는 시리즈 3권 『화폐라는 짐승』, 199~203쪽을 참고하세요).

매뉴팩처에서 일하면 한편으로 노동자의 신체가 변형됩니다. 무슨 사고가 일어나서가 아니라 일을 오래하면 그렇게 됩니다. 어깨가 틀어지거나 등이 굽고 손가락이 휘어지지요. 이 정도 손상이면 그나마 다행이고요. 경우에 따라서는 시력과 청력 등 감각기관, 폐 등의 호흡기관이 능력을 상실합니다. 근골격이 파괴되기도 하고 심혈관에 문제가 생기기도 하고요. 특정한 동작을 너무 자주 반복했거나 특정한 자세를 너무 오래 유지한 탓일 수도 있고, 노동대상이나 노동환경의 어떤 위험요인에 장기 노출된 탓일 수도 있습니다.

다른 한편으로 노동자의 정신에도 문제가 생깁니다. 매뉴팩처는 노동자들을 사유할 수 없는 존재, 사유할 필요가 없는 존재로 만듭니다. 신체의 불구화에 상응하는 정신의 우둔화가 나타난다고 할까요. 독립적 농민이나 수공업자는 작업 전체에 대한 일정한 지식과 판단, 의지를 갖고 일을 하는데요. 매뉴팩처 분업에서 그런 정신적 능력은 작업 전체를 관장하는 사람 즉 자본가나 자본가가 고용한 관리자에게만 요구됩니다. 눈앞의 일만 처리할 뿐 전체를 내다보는 일은 하지 않습니다. 굳이 그럴 필요가 없으니까요. 오히려 '생각'이 작업에 방해가 됩니다. 부분노동을 수행하는 '자동장치'(automatische Triebwerk)처럼 되려면,[김, 489; 강, 495] 노동자는 생각하지 말아야 합니다.

마르크스가 스미스의 스승이라고 부르는 학자 애덤 퍼거슨(A. Ferguson)에 따르면 "매뉴팩처는 사람이 정신을 가장 적게 쓸 때, 즉 작업장이 인간을 그 부품으로 하는 하나의 기계로 간주될 수 있을 때 가장 번창"합니다.[김, 491; 강, 496] 스미스도 비슷한 말을 했습니다. 매뉴팩처에서 단순노동으로 평생을 보내는 인간은 "지성을 사용할 기회가 없"기에 "한 인간으로서는 더할 나위 없이 우둔하고 무지해진다"라고요.[김, 492; 강, 497]

스미스도 매뉴팩처 분업의 정신적 해악을 알고 있었던 겁니다. 정치경제학자이기 이전에 도덕철학자였던 그가 이 점을 모른 척할 수는 없었겠지요. 그는 분업이 초래하는 국민의 지적·도덕적 자질의 쇠락을 막기 위해 국가가 국민교육에 나서야 한다고 했습니다. 그런데 마르크스는 스미스의 권고가 마지못해 나온 것이라며 깎아내립니다. 스미스는 분업의 미덕을 찬양하는 중에 "지나가는 말"로 그 해악을 살짝 언급했을 뿐이며,[김, 492, 각주 47; 강, 497, 각주 70] "국민교육"이라는 처방도 "조심조심 극소량을 처방"한 것에 지나지 않는다고요.[김, 493; 강, 497]

이 점에서 분업에 관한 스미스의 사고를 스미스보다 더 철저하게 밀어붙인 사람은 제르맹 가르니에(Germain Garnier)입니다. 그는 스미스의 『국부론』을 프랑스에 소개하고 번역한 사람인데요. 마르크스가 인용한 바에 따르면 가르니에는 육체노동과 정신노동의 분업을 진보의 결과라고 주장했습니다.[김, 493; 강, 498] 분업의 발전에 따른 자연스러운 결과라는 거죠. 국가가 이를 저지하는 것은 사회의 진보를 가로막는 것과 같다고 했습니다. 가르니에의 주장은 과격하지만 그만큼 선명합니다. 분업에 대한 스미스의 생각을 스미스보다 더 확실하고 단호하게 드러내지요. 매뉴팩처의 분업이 인간의 교환 성향에서 자연스럽게 발전되어온 것이라면, 그리고 그 덕분에 인간의 재능과 생산력이 증대해왔고 또 앞으로 증대할 것이라면 국가가 그 일을 인위적으로 막아서는 안 된다는 것이니까요.

그러나 매뉴팩처 시대 노동자의 신체적·정신적 불구화는 사회 진보에 따른 부수적 손실이라 치부하기에는 그 정도가 너무나 심각했습니다. 물론 사회적 차원에서 행하는 분업에서도 어느 정도의 '불구화'는 일어납니다. 농업에 종사하는 사람이 있는가 하면 제조업에 종사하는 사람도 있을 테고, 정신노동을 위주로 하는 사람이 있는가 하면 육체노동을 위주로 하는 사람도 있을 테니까요. 이런 사회적 분업의 결과에서 생겨나는 신체나 정신의 변형에는 불가피한 면이 있습니다. 하지만 매뉴팩처 작업장의 분업은 그런 수준의 문제가 아니었습니다. 마르크스의 표현을 빌리자면 그것은 "개인을 그 생명의 뿌리에서부터 움켜쥐었"습니다.[김, 493; 강, 498]

이런 상황에서 새로운 학문이 탄생합니다. 바로 산업보건학(산업병리학)입니다. 직업과 질환의 연관이 이 시대 사람들의 눈에 비로소 들어온 것이지요. 그 선구적 인물이 마르크스가 각주에서 인용하는 베르나르디노 라마치니(Bernardino Ramazzini)입니다.[김, 493, 각주 50; 강, 498, 각주 73] 그는 근대 산업보건학의 창시자로 평가받는 인물이지요.

라마치니는 매뉴팩처 시대에 활동한 임상의학 교수입니다. 이탈리아 카프리에서 태어나 모데나 대학에서 교수로 활동했습니다. 대학의 기록에 따르면 그의 수업 주제는 대부분 직업병에 관한 것이었습니다.[43] 그는 매뉴팩처 작업장을 직접 방문해 노동자들의 일하는 모습을 지켜보고 노동자들과 이야기를 나누었습니다. 그렇게 해서 1700년에 대표작 『숙련공의 질병에 관하여』De Morbis Artificum Diatriba를 펴냈습니다(마르크스는 1713년 파도바에서 출간된 이 책의 제2판을 인용했지요).

방금 매뉴팩처 시대에 직업과 질환의 연관이 사람들 눈에 띈 게 당연한 것처럼 말했습니다만, 그렇다고 누구나 그것을 보았다는 뜻은 아닙니다. 현상이 아무리 많이 생겨나도 보려는 마음이 없는 사람들에게는 보이지 않지요. 처음 그것을 본 사람의 눈은 특별합니다. 라마치니는 이 점에서 참 좋은 눈을 가진 사람이었습니다. 여담입니다만, 라마치니가 책의 아이디어를 떠올린 데는 이런 계기가 있었다고 합니다.[44] 어느 날 하수구를 청소하러 온 노동자가 있었던 모양입니다. 하수구 속으로 들어간 노동자는 무척 서둘러서 일을 했는데요. 왜 그렇게 서두르느냐고 물으니 거기 오래 머물면 시력을 잃는다고 대답했다는군요. 라마치니가 실제로 조사해보니 하수구 청소 노동자 대부분이 충혈된 눈을 하고 있었고 그렇게 몇 년을 일한 사람들 중 다수가 실제로 시력을 잃었습니다. 노동자의 직업과 병 사이에 긴밀한 연관이 있다는 게 드러난 거죠.

라마치니는 그 후 노동자들의 작업장을 여러 차례 방문하는데요. 이것은 17세기 후반의 의사들로서는 상상도 할 수 없는 일이었습니다. '작업장'은 지저분하고 천한 사람들이 있는 곳이라고만 생각했기 때문이죠. 많은 의사들이 라마치니에게 냉소와 조롱을 보냈다고 합니다. 그러나 그는 자신의 저서에서 자랑스럽게 말했습니다. "나는 종종 초라한 작업장에 들어가서 기계적인 작업의 밝혀지지 않은 작용을 연구하는 것이 내 품위를 떨어뜨리는 일이라고 생각하지 않았다."[45] 그의 특별한 눈은 바로 이런 자세에서 나온 겁니다.

◦ 매뉴팩처 시대에 탄생한 학문 ②—정치경제학

매뉴팩처 시대에 탄생한 또 다른 학문이 있는데요. 정치경제학입니다. 정치경제학의 출현에 대해서는 이미 우리 시리즈 1

권에서 언급한 바 있으니 따로 언급하지는 않겠습니다(『다시 자본을 읽자』, 42~47쪽). 다만 여기서는 사회적 분업을 바라보는 정치경제학자의 시선에 대해 몇 가지를 이야기하려고 합니다.

앞서 스미스가 사회적 분업을 매뉴팩처 분업의 연장선상에서 이해했다는 말을 했는데요. 이것은 스미스만의 문제가 아닙니다. 정치경제학자들 대다수가 매뉴팩처 분업의 시각에서 사회적 분업을 이해합니다. 자본주의적 생산형태인 매뉴팩처의 시각으로 사회 전체를 바라본다는 이야기지요. 달리 말하면 사회적 분업을 "상품 가격을 낮추고 자본의 축적을 촉진하는 수단으로서만" 보는 겁니다.[김, 496; 강, 500] 이렇게 말해도 좋겠습니다. 정치경제학의 탄생은 사회를 바라보는 특정한 눈의 탄생입니다. 사회를 어떻게 편제해야 생산성을 높이고 가치의 생산과 자본 축적에 유리한지를 계산하고 평가하고 제안하는 과학적 눈의 탄생이라 할 수 있지요. 사회적 분업을 교환가치(가치)의 생산이라는 관점에서만 보는 것이지요.

정치경제학의 이런 시선은 사회적 분업에 대해 말한 근대 이전의 저술가들, 특히 고대 저술가들의 시선과는 완전히 다릅니다. 마르크스는 자신의 그리스 고전에 대한 지식을 뽐내기라도 하듯 호메로스의 『오디세이』, 투키디데스의 『펠로폰네소스전쟁사』, 플라톤의 『국가』, 크세노폰의 『키루스의 교육』, 이소크라테스의 『부시리스』 등 많은 저술을 인용했는데요.[김, 496~499, 각주 55~59; 강, 501~503, 각주 78~82] 분업의 필요성과 이점을 말하는 부분만 놓고 보면 고대의 저자들과 근대 정치경제학자들은 크게 달라 보이지 않습니다. 고대 저술가들도 사람은 저마다 좋아하고 잘하는 일이 다르며 각자의 성향과 재능에 맞는 활동을 할 때 재능도 발전하고 물건의 품질도 좋아진다는 이야기를 했지요. 생산량이 늘어나 나라도 풍족해진다고 했고요.

심지어 플라톤의 『국가』나 크세노폰의 『키루스의 교육』의 어느 대목을 보면 스미스가 떠올린 사회적 분업과 거의 차이가 없어 보입니다. 이를테면 『국가』 제2권에서 소크라테스는 나라(폴리스)의 기원과 형성에 대해 이런 식의 주장을 폅니다.[46] 사람들은 생활에 필요한 것을 혼자 마련할 수 없기 때문에 나라를 이루어 함께 산다, 사람들은 서로 이익이 되기 때문에 교환을 한다, 사람들은 각기 닮지 않았고 성향이 다르기 때문에 저마다 다른 일을 하며, 사람은 저마다 타고난 성향에 따라 한 가지 일에 전념할 때 그 일을 더 많이, 더 훌륭하게, 더 쉽게 할 수 있다, 그렇게 해서 나라에는 농부, 제화공, 목공, 대장장이 등 여러 일에 종사하는 시민들이 필요하다. 또한 하나의 나라가 모든 것을 갖추는 것도 불가능하므로 다른 나라와의 무역이 필요한데 이 일을 맡을 무역상이 있어야 하고, 나라 안에서 서로 다른 업종의 사람들이 생산한 물건들을 매개할 소매상도 필요하다, 그리고 지적이지는 않지만 힘이 강해서 체력을 팔 수 있는 임금노동자도 필요하다, 이런 식으로 사

람들 서로의 필요에 따라 나라에는 여러 종류의 직업과 거기
종사하는 사람들이 생겨난다…….

크세노폰의 『키루스의 교육』에는 노동형태만 보면 아예
매뉴팩처 분업과 흡사한 장면이 나옵니다(그래서인지 마르크스
는 크세노폰에 대해 "분업에 대해 특유의 부르주아적 본능을 가지고
접근한다"라고 썼습니다[김, 498; 강, 502]). 크세노폰은 플라톤
처럼 소크라테스의 제자였는데요. 페르시아제국을 건설한 키
루스 대왕을 흠모했던 사람이기도 합니다. 『키루스의 교육』
은 키루스 대왕의 일대기이자 페르시아제국의 교육을 소개한
책입니다.

마르크스는 『키루스의 교육』 한 부분을 주석에서 인용하
는데요. 크세노폰이 키루스 대왕으로부터 선사받은 음식들을
찬미하면서 이런 말을 합니다. 우선 그는, 이 음식들이 뛰어난
이유를 분업에서 찾고 있습니다. "큰 도시에서는 각종 분야에
서 많은 인력이 필요하므로 보잘것없는 한 가지 기술만 있는
사람이라고 해도 먹고살기에 충분하다. 예를 들어 남성용 신
발만 만드는 사람이나 여성용 신발만 만드는 사람도 있는 것
이다. 또한 대도시에는 신발을 꿰매는 기술로만 먹고사는 사
람도 있고, 제화용 가죽을 자르거나 가죽 조각들을 이어 붙이
는 사람이 별도로 있는가 하면, 그런 공정은 전혀 수행하지 않
고 부품들만 꿰어 맞춰 신발을 만드는 사람도 있다. 당연한 이
야기지만 고도로 전문화된 작업에만 전념하는 사람은 그만큼
그 분야에서 최고 솜씨를 자랑하게 되는 것이다. 주방과 관련

해서도 그와 똑같이 말할 수 있다. …… 고깃국을 끓이는 사람, 고기와 생선을 굽는 사람, 빵을 만드는 사람 등이 각기 따로 있고, 한 가지 종류만 만드는 사람이라 해도 충분히 좋은 평판을 얻을 수 있다면, 그런 주방에서는 모든 것이 훨씬 나은 방식으로 만들어질 것이 분명하다."[47]

플라톤이 그린 사회적 분업은 스미스가 떠올린, 상품교환을 매개로 하는 사회적 분업과 다를 바 없어 보이고, 크세노폰이 그린 키루스 대왕의 주방은 시계를 제조하는 매뉴팩처 시대의 작업장을 방불케 합니다. 심지어 크세노폰은 작은 도시와 달리 큰 도시에서 분업이 더 발전한다는 것, 달리 말해 "분업의 정도가 시장의 크기에 의존한다는 것을 벌써 알고" 있습니다.[김, 498, 각주 58; 강, 502, 각주 81]

그러나 분업이 더 많은 물건을 더 훌륭하게 그리고 더 쉽게 만들게 해준다는 플라톤의 말이나, 분업이 생산자의 기술 수준을 높여주며 도시가 커지면 즉 시장이 커지면 분업이 더 촉진된다는 크세노폰의 말은 모두 '사용가치'에 대한 것입니다.[김, 498, 각주 58; 강, 502, 각주 81] 분업을 통해 사용가치의 양과 질을 모두 높일 수 있다는 이야기죠. 다시 말해 이것은 '교환가치'에 대한 이야기가 아닙니다. 자본주의적 생산형태인 매뉴팩처에서 생산성을 증대시키는 이유와는 전혀 다른 것이지요. 요컨대 고대 저술가들이 분업을 권장한 것은 더 좋은 물건을 더 많이 만들 수 있다는 이유였지 더 많은 돈을 벌려는 목적이 아니었습니다. 플라톤의 표현을 빌려 말하자면

"돼지들의 나라", "호사스러운 나라"를 만들기 위함이 아니었다는 겁니다.[48]

플라톤이 분업을 나라의 형성 원리로 이해한 것은 사실이지만 이때의 분업은 스미스가 떠올린 자본주의사회의 분업과는 완전히 다른 겁니다. 마르크스는 흥미롭게도 플라톤의 국가를 "이집트적 카스트제도의 아테네적 이상화"라고 부릅니다. 플라톤이 자본주의사회를 선구적으로 제시했다기보다는, 사실 고대 이집트의 카스트제도를 모범으로 삼았다는 말이지요. 마르크스에 따르면 실제로 플라톤 시대의 사람들은 신분에 따라 평생 하나의 일에 종사하도록 한 이집트를 산업상의 모범으로 여겼다고 합니다.[김, 498~499; 강, 502~503]

우리는 아리스토텔레스가 근대 정치경제학자들이 하나로 다루는 두 분야, 즉 가정관리술(oikonomikos)과 화폐증식술(재산증식술, chrēmastikē)을 엄격히 구분했다는 것을 알고 있습니다(『성부와 성자』, 71~72쪽). 생활상의 필요를 만족시키는 기술과 재산을 불리기 위한 기술을 분리한 거죠. 아리스토텔레스는 전자만을 '진정한 부'라고 했고, 후자에 대해서는 남을 희생시켜 무한한 부를 쌓으려는 것으로 자연에 반하는 짓이라고 비난했습니다.

고대의 저술가들은 전자와 관련해 분업의 효용을 말한 것입니다. 분업이 생활에 필요한 좋은 물건을 많이 만들 수 있는 방법이었으니까요. 그러나 매뉴팩처 시대, 즉 자본주의 생산양식이 지배하는 시대에 탄생한 정치경제학자들은 달랐습니다. 그들은 생활의 필요를 충족하는 생산과 재산을 늘리기 위한 생산을 구분할 필요를 느끼지 않았습니다. 그들은 오히려 후자의 관점에서 전자를 바라보았지요. 재산의 증식, 자본의 축적이라는 시각에서 물건을 어떻게 생산하는 것이 효과적인지 고민한 겁니다. 그래서 매뉴팩처 분업과 사회적 분업의 바람직한 모습이 어떤 것인지 '학문'으로 제시했지요. 아마 고대인들로서는 믿기지 않을 겁니다. 자신들이 반자연적이고 부도덕하다고 생각하는 관점에 입각해 진리를 논하는 하나의 학문, 하나의 과학이 탄생했다는 것이 말입니다.

° 잉여가치 생산의 논리적 순서에 대한 오해

이렇게 해서 상대적 잉여가치 생산에 대한 첫 번째 이야기가 끝났습니다. 상대적 잉여가치는 노동생산력의 증대를 통해 노동력의 가치를 저하시킴으로써 얻는데요. 이번 책에서 우리가 다룬 것은 작업방식을 바꾸어 노동생산력을 증대시킨 경우입니다. 마르크스는 매뉴팩처 시대가 여기에 해당한다고 보았습니다. 매뉴팩처의 작업방식은 한마디로 '협업에 기초한 분업'입니다. 전체 공정을 여러 부분노동으로 나누고 그에 맞게 노동자들을 특화시켜 조직하면 생산성이 크게 증대합니다.

그런데 여기 유의할 점이 하나 있습니다. 지난 책의 끝에서 그리고 이번 책의 처음에서 나는 절대적 잉여가치의 생산이 한계에 봉착한 후 상대적 잉여가치의 생산이 나타난 것처럼 말했습니다. 노동일의 절대적 연장이 어려워진 상황에서 자본은 출구를 찾아야 했다고요. 하지만 이것은 논리적인 문제입니다. 절대적 잉여가치의 생산이 더 늘어나기 어려운 조건에서 잉여가치를 생산할 수 있는 다른 방법이 있는가. 이 점에서 '상대적 잉여가치'는 절대적 잉여가치의 생산이 부딪힌 한계에 대한 논리적 극복입니다. 자본의 논리 전개 과정상 '다음 단계'에 해당하는 거죠.

하지만 '역사적'으로도 그런 것은 아닙니다. 우리가 이번 책에서 다룬 매뉴팩처 시대는 노동일 연장이 한계에 봉착한 때가 아닙니다. 오히려 노동일이 한창 늘어나던 때였지요. 자본의 논리적 전개상으로는 절대적 잉여가치 다음에 상대적 잉여가치가 오지만 역사적으로는 두 가지가 함께 나타납니다. 자본가는 노동일 연장을 통해 절대적 잉여가치의 생산을 늘리면서 동시에 매뉴팩처 분업을 통해 상대적 잉여가치의 생산도 늘리고 있었습니다. 상대적 잉여가치가 나타나면 절대적 잉여가치가 사라지는 게 아닙니다. 지금도, 그리고 자본주의가 계속되는 한 앞으로도, 절대적 잉여가치는 존재할 겁니다. 우리 시리즈의 지난 책들에서도 종종 언급했던 것처럼 자본의 논리적 전개 과정을 실제 역사의 전개로 오해해서는 안 됩니다.

· 공장 밖을 서성이는 그림자

이제 정말 이번 책을 마무리해야 하는데요. 매번 그렇듯이 마르크스는 우리를 하나의 문제 앞에 세워둡니다. 정확히 말하면 '문제' 앞에 서는 것은 '우리'가 아니라 '자본'입니다. 앞으로 더 나아가려면 반드시 넘어야 하는 장벽 같은 것이 있지요. 지난 책들에서 본 것처럼 모두가 만만치 않은 난제들입니다. 하지만 우리가 알고 있듯이 자본은 현실적으로 그리고 역사적으로 이 문제들, 이 한계들을 극복해왔습니다. 나는 『자본』이 추리소설 같다고 했는데요. 마르크스와 더불어 자본의 궤적을 추적하다 보면 매번 놀라게 됩니다. 도대체 자본은 여기를 어떻게 빠져나간 거지?

매뉴팩처는 어떤 장벽에 부딪혔을까요. 매뉴팩처는 기본적으로 수공업 즉 인간의 손에 의존하는 생산형태입니다. 일을 나누고 그에 따라 사람을 배분하고 일의 양과 속도를 정하는 기준이 모두 인간 노동자의 경험에 입각하죠. 20세기 소위 '과학적 관리법'의 창시자로 평가받는 프레더릭 테일러(F. Taylor)가 전통적 시스템의 근본 문제로 지적한 것이 이것인데요.[49] (테일러의 '과학적 관리법'에 대해서는 부록노트를 참고하세요). 아무리 계획을 체계적으로 세워도 그 근간이 노동자의 경험에 기초하는 한 노동과정에 자본가가 개입하는 데는 한계가 있습니다. 보상이나 징계를 통해 외적으로 압력을 가할 수는 있지만 노동 자체를 내적으로 장악할 수는 없습니다.

매뉴팩처에서는 노동자들이 어느 정도 힘을 가지고 있었습니다. 독립수공업자만큼은 아니라고 해도 작업에 대한 자본가의 지배를 어느 정도 제어할 수 있었지요. 특히 숙련노동자들의 힘이 셉니다. 매뉴팩처가 '수공업적 숙련'을 토대로 삼고 있으니 이상할 것도 없지요. 매뉴팩처의 생산은 숙련노동자들을 중심으로 돌아갈 수밖에 없습니다. 게다가 '숙련'이라는 말에서 알 수 있듯이 숙련노동자가 되려면 상당한 훈련 기간이 필요합니다. 숙련노동자를 구하기가 쉽지 않다는 뜻이지요. 이런 조건들이 숙련노동자들의 힘의 원천이 됩니다.

숙련노동자들은 실제로 자신들의 이익을 침해할 수 있는 자본가들의 조치에 강하게 저항했습니다. 자본가들은 상대적으로 별다른 숙련을 요하지 않는 작업들을 만들어내서 여성과 아동을 끌어들이려 했습니다. 숙련노동자 비중을 줄이면 전체 임금을 낮출 수 있을 테니까요. 하지만 이런 시도들은 남성 숙련노동자의 저항 때문에 좌절되기 일쑤였습니다. 자본가들은 숙련노동자의 훈련 기간을 줄이려고도 했습니다. 영국의 도제법은 7년의 훈련 기간을 정해두었는데요. 자본가들은 이 기간을 줄이거나 폐지하고 싶어했지요. 훈련 기간을 줄인다는 것은 훈련 비용이 줄어든다는 것이고, 이는 그 비용이 반영되어 있는 숙련노동력의 가치를 떨어뜨릴 수 있다는 뜻이니까요. 하지만 이 도제법 규정은 기계제 대공업이 시작될 때까지, 그러니까 매뉴팩처 말기까지 살아남았습니다. 숙련노동자들의 저항을 이길 수 없었던 거죠.[김, 499; 강, 503]

"노동자는 숙련이 높아질수록 점점 더 제멋대로 되고 다루기 어려워진다." 이것은 '노동과정'과 '노동일'에 대해 이야기할 때도 곧잘 등장했던 '자본가들의 친구' 앤드루 유어(A. Ure)의 말입니다.[김, 500; 강, 503] 물론 유어는 기계제 대공업이 막 본격화할 때의 인물이니 매뉴팩처 시대의 증언자로 볼 수는 없습니다. 하지만 지난 책에서도 본 것처럼 자본주의 산업화 초기 노동자들의 근로 윤리 부족을 질타하는 언급들은 많습니다(『공포의 집』, 134~136쪽).

마르크스는 당대 저술가들의 직접 증언이 아니어도 매뉴팩처 시대에 자본가들이 노동자들을 완전히 장악하지는 못했음을 보여주는 정황상의 증거들이 많다고 말합니다.[김, 500; 강, 504] 이를테면 자본가들은 이용 가능한 모든 시간을 노동시간으로 만들지는 못했습니다. 지난 책에서 마르크스는 노동일을 12시간까지 늘리는 데 수 세기가 걸렸다고 했는데요(『공포의 집』, 144쪽). 노동일을 늘리기가 쉽지 않았다는 건 그만큼 노동자들의 저항이 강했던 것으로 볼 수 있지요. 또 매뉴팩처 시대 자료를 보면 노동자들의 유입과 유출에 따라 작업장 소재지가 바뀌는 걸 확인할 수 있는데요. 작업장을 따라 노동자들이 이동하는 게 아니라 노동자들을 따라 작업장이 이동하는 겁니다. 이 또한 노동자들이 가진 힘을 간접적으로 보여줍니다.

그래서 "매뉴팩처 시대 내내 노동자들의 규율 부족에 대한 불평이 끊이지 않"았습니다. 자본가들의 지휘와 명령이 잘 먹히지 않았다는 거죠. 매뉴팩처 분업의 이상에 따르면 전체 작업은 하나의 메커니즘을 이루어야 합니다. 일은 연속적이고 일률적이어야 하며 규칙적이고 질서 있게 이루어져야 하지요. 그런데 현실은 그렇지 않았습니다. 물론 이것은 자본가의 눈으로 볼 때 그렇다는 말입니다. 일자리에 생존이 달린 노동자가 자본가를 무시하고 제멋대로 굴 수는 없지요. 하지만 자본가의 성에 찰 정도로 순종적이지는 않았던 겁니다. 명령을 하면 일사불란하게 따라야 하는데 빠릿빠릿하지 못하고 때에 따라서는 은근히 저항을 하니까요.

우리는 지난 책에서 19세기 '공장'의 원형으로서 '구빈원'에 대해 이야기했습니다(『공포의 집』, 135~140쪽). 구빈원은 노동자들의 심성을 뜯어고치는 윤리적 공간이었습니다. 그런데 이 구빈원의 시대가 매뉴팩처의 시대입니다. '구빈원'을 '공포의 집'으로 만들어야 한다고 역설했던 커닝엄(J. Cunningham)이 이 시대의 끝에 있던 사람이죠. 마르크스는 커닝엄의 책 『무역과 상업에 관한 에세이』(1770)를 다시 인용합니다. "어떻게 해서든 질서가 확립되어야만 한다."[김, 500; 강, 504]

매뉴팩처에는 '질서'가 없다. 질서, 질서, 질서…… 이는 매뉴팩처 시대 자본가들의 마음속 슬로건이었을 겁니다. 그런데 사실 이 단어는 '1848년 혁명'과 관련해 마르크스가 가장 분개했던 단어들 중 하나였습니다. '질서'는 1848년 프롤레타리아트의 6월 봉기를 진압하고, 곧이어 부르주아 공화파까지 몰락시키며, 강력한 부르주아 독재를 실시한 당파의 이름이었습니다. 마르크스는 '질서'에 대해 1848년 6월 부르주아 군대의 산탄이 "프롤레타리아트의 몸뚱이를 갈기갈기 찢으며" 냈던 소리라고도 했습니다. 1789년 혁명 이래 어떤 혁명도 '질서' 자체를 암살하려고는 하지 않았으나, 1848년 6월 혁명이 이 '질서' 자체를 침범했기 때문에 부르주아들은 이를 용서할 수 없었다고도 했지요.[50] 부르주아사회, 자본주의사회의 주권자가 누구인지를 분명히 가르치는 단어가 '질서'였던 거지요.

특히 공장은 자본가가 전적으로 지배하는 공간입니다. 자본가는 노동과정에서 노동자가 행사하는 한 방울의 권력도 용납하고 싶지 않을 겁니다. 하지만 매뉴팩처의 생산형태에서는 이것이 어렵습니다. 매뉴팩처의 기술적 토대가 노동자의 숙련에 있었으니까요. 도대체 어떻게 해야 할까요. 자본가는 어떻게 해야 노동과정을 실질적으로 장악할 수 있을까요. 매뉴팩처는 노동자를 부분노동자로서 특정한 기능에 결박했는데요, 그것이 또한 자본의 완전한 지배에 대한 한계가 되었습니다.

왜 매뉴팩처의 메커니즘이 자본가의 생각대로 매끄럽게 작동하지 않는가. 문제의 원인을 근본적으로 파고들어가 보면 메커니즘 자체가 '살아 있는 기관들'로 구성되어 있기 때문입니다(더 근본적으로는 노동력 자체가 살아 있는 신체 즉 생체에 담긴 상품이기 때문이고요). 살아 있는 존재에게 절대적 복종은 불가능합니다. 더는 '압축할 수 없는 최소'라는 게 있지요.[51] 연속성, 일률성, 규칙, 질서 등에 대한 요구는 사실상 죽은 존재에 대한 요구라고 할 수 있습니다. 그것을 살아 있는 존재, 특히 인간들로 구성된 생산 메커니즘에서 관철하려 한다면 어떤 식으로든 덜컹거림이 생길 수밖에 없지요. 시대는 다르지만 안토니오 그람시(A. Gramsci)가 했던 말이 떠오릅니다. 그는 과학적 관리를 통해 노동자들을 소위 '훈련된 원숭이'로 만들고자 했던 미국 기업가들이 실망스러운 결과에 대해 갖게 될 심정을 이렇게 표현했지요. "'재수 없게도' 노동자는 여전히 인간이다."[52]

과연 매뉴팩처 시대 자본가들은 이 문제를 어떻게 풀었을까요. 작업하는 노동자가 그 작업에 대한 통제력을 전혀 가질 수 없는 시스템을 만들어낼 수 있을까. 마르크스는 작업장에서의 '질서'를 염원한 커닝엄의 외침이 있은 지 66년 만에 유어의 입을 통해 그 염원의 성취가 선포되었다고 했습니다. 유어는 이렇게 말했습니다. "아크라이트가 그 질서를 만들어냈다."[김, 500; 강, 504] 도대체 아크라이트가 무엇을 했기에 그가 질서를 만들어냈다는 것일까요. 아크라이트는 질서를 만들기 전에 무언가를 만들어낸 사람이지요. 그것이 무엇일까요.

매뉴팩처 작업장 안에는 신체가 뒤틀리고 정신이 창백해진, 그러나 아직은 자존심을 지키고 있는 노동자들이 일을 하고 있습니다. 그런데 작업장 바깥에 서성이는 그림자가 있습니다. 새로운 노동자, 새로운 노예가 자본가의 손에 이끌려 들어오는 중입니다. 그는 말이 없습니다. 그의 이름은 '기계'입니다. 우리의 다음 책에 등장할 주인공이지요.

부록노트

I ── 도시와 농촌의 분리
II ── 마르크스의 인도론
III ── 아그리파의 우화
IV ── 과학적 관리법과 빨간 페터

I──도시와 농촌의 분리

본문에서 마르크스는 '도시와 농촌의 분리'를 "모든 발전한 분업 그리고 상품교환을 통해 매개되는 분업의 토대"라고 했고, "사회의 경제사 전체를 이 둘의 대립 운동으로 요약"할 수 있다고 했습니다. 매우 흥미로운 언급이기는 하지만 『자본』에서는 이와 관련된 논의를 더 이상 찾아볼 수 없습니다. 도시와 농촌의 관계에 대한 별도의 논문을 쓴 적도 없고요.

그러나 즉흥적으로 꺼낸 이야기는 아닙니다. 마르크스는 도시와 농촌의 분리가 갖는 중요성을 오래전부터 강조했고 몇 군데에서는 도시와 농촌의 대립으로 서구의 경제사를 설명하려는 모습도 보여주었습니다. 이를테면 『자본』을 쓰기 20여 년 전에 쓴 『독일 이데올로기』(1845)에서 그는 "물질적 노동과 정신적 노동의 가장 커다란 분할은 도시와 농촌의 분리이다"라고 했습니다.[53] 『철학의 빈곤』(1847)에서는 이런 말도 했지요. "독일에서는 최초의 중요한 분업, 즉 도시와 농촌의 분리가 이루어지는 데 꼬박 3세기가 걸렸다. 도시의 농촌에 대한 관계가 변경되는 정도로 전체 사회도 변경된다."[54] 조금 더 뒤에 쓴 『정치경제학 비판 요강』(1857~1858)에서도 그는 도시와 농촌이 맺는 관계에 따라 '자본주의적 생산에 선행하는 형태들'(사회구성체들)을 구분했습니다.[55]

하지만 아쉽게도 이들 책에서도 도시와 농촌의 관계를

길게 언급한 것은 아닙니다. 그나마 조금 길게 언급한 것이 『독일 이데올로기』와 『정치경제학 비판 요강』이지만, 관련 내용을 언급한 것이 몇 쪽 되지 않습니다. 여기서는 두 텍스트를 중심으로 마르크스가 왜 도시와 농촌의 분리를 중요하다고 생각했는지 그리고 도시와 농촌의 대립으로 경제사를 어떻게 쓸 수 있다는 것인지를 개략적으로나마 정리해둘까 합니다.

먼저, 도시와 농촌의 분리는 어떤 의미를 갖는가. 마르크스는 이를 두고 가장 큰 규모로 이루어진 정신노동과 육체노동의 분할이라고 했습니다. 그리고 둘의 대립은 인류가 야만(Barbarei)에서 문명(Zivilisation)으로, 부족(Stammwesen)에서 국가(Staat)로, 지역(Lokalität)에서 전국(국민, Nation)으로 나아가는 것과 동시에 시작되었고, 오늘날까지 문명의 전 역사를 통해 나타나고 있다고 했습니다(마르크스는 당시 '곡물법'을 둘러싼 자본가계급과 지주계급의 갈등을 도시와 농촌의 역사적 대립이 나타난 것이라고 보았습니다).[56]

마르크스는 특히 도시의 등장을 국가와 자본의 탄생을 가능케 한 기원적 사건처럼 보는데요. 우선 국가와 관련해 이렇게 말합니다. "도시와 함께 곧바로 행정, 경찰, 조세 등등의 필요성이 주어지는바, 요컨대 공동의 제도 및 그와 함께 정치 일반의 필요성이 주어진다."[57] 이것은 그가 '자본주의적 생산에 선행하는 형태들' 중 하나인 게르만 형태의 공동체에 국가가 존재하지 않았다고 말한 이유와도 통합니다. 고대 로마적 형태와 달리 게르만적 형태에서 "공동체는 도시로 실존하지 않았기 때문에…… 국가, 국가 체제로서 실존하지 않"았다는 겁니다.[58]

또한 도시는 사람과 생산도구, 자본·욕구·소비 등이 집중된 곳입니다. 고립과 개별화를 특징으로 하는 농촌과는 반대지요. 그래서 도시는 자본이 등장하는 기반이 됩니다. "도시와 농촌의 분리는 또한 자본과 토지 소유의 분리로서, 즉 오직 노동과 교환 속에서만 자신의 토대를 갖는, 토지 소유로부터 독립된 자본의 존재 및 발전의 출발점(Anfang)으로 파악될 수 있다."[59]

물론 우리는 국가와 자본이 근대적 범주라는 것을 알고 있습니다. 이를테면 고대 로마의 도시를 근대 자본주의 국가와 동일시하는 것은 대단한 시대착오일 겁니다. 사회형태의 역사성을 그토록 강조하는 마르크스가 이 점을 모를 리 없습니다. 내 생각에 마르크스는 다만 국가와 자본이라는, 우리 시대의 범주가 탄생할 수 있게 해준 인류학적·역사적 사건으로서 도시의 탄생을 말하는 것 같습니다. 도시의 출현이 곧바로 국가와 자본의 탄생은 아니지만 나중에 국가와 자본의 탄생을 가능케 한 사건이었다는 겁니다[나중에 국가나 자본이 될 수 있는 일부 요소들이 '원(原)국가', '원(原)자본'의 형태로 생겨났다고 할까요].

다음으로, 도시와 농촌의 대립 운동으로 서구의 경제사를 요약할 수 있다는 것은 무슨 말인가. 마르크스는 『정치경제학 비판을 위하여』의 서문(1859)에서 경제적 사회구성체들의 발전 순서를 '아시아적·고대적·봉건적, 그리고 현대 부르주아적 생산양식들'로 나열한 적이 있는데요.[60] 『정치경제학 비판 요강』에서는 이들 사회구성체 각각에서 농촌과 도시의 대립이 어떻게 나타나는지를 간략히 설명한 바 있습니다.[61]

마르크스에 따르면 '아시아적 형태'는 아직 도시와 농촌이 분리되지 않은 사회입니다. 도시가 없는 것은 아니지만 단순히 군주가 머무는 곳, 경제적 구조물 위에 얹힌 상부구조일 뿐입니다. 고대 로마에서 볼 수 있는 '고대적 형태'는 도시 중심의 사회입니다. 농촌을 영토로 삼았지만 삶은 도시에 집중되어 있었지요. 도시의 시민들만 토지를 가질 수 있었고 또 토지를 가진 자가 시민일 수 있었습니다. 전형적인 도시의 삶이지만 그 기반은 토지 소유와 농업에 두고 있는 형태였어요. 이와 달리 게르만 형태는 농촌에서 출발했습니다. 혈통, 언어, 역사 등에 따라 공동체를 유지하기는 하지만 국가를 이루지는 않습니다. 토지 소유자들, 가족들, 가문들 사이의 회합이나 동맹 같은 것이 있을 뿐이지요. 마르크스는 이 게르만 형태가 중세 봉건사회에서 주로 볼 수 있는 사회형태라고 생각했습니다.

하지만 이것은 대체로 농촌에 해당하는 이야기고요. 서구 중세의 도시는 또 조금 달랐습니다. 마르크스는 근대에 들어 농촌의 도시화가 나타났다고 했는데요. 이에 대해서는 조금 부연이 필요할 것 같습니다. 중세에서 근대로 넘어오는 과정에서 나타난 농촌과 도시의 대립에 관해서는 『독일이데올로기』에 언급한 것이 조금 있습니다.[62] 마르크스에 따르면 서양의 중세도시들은 고대도시를 전승한 게 아닙니다. 중세의 도시들을 만든 것은 농촌에서 온 농노들입니다. 신분이 해방된 농노들이지요. 주로 수공업에 종사했습니다. 여기에 도망 농노들이 더해지면서 도시가 커졌습니다. 농촌에서 영주들의 박해를 피해 도망쳐 온 농노들이 도시로 계속해서 몰려왔습니다. 당연히 도시와 농촌은 긴장 관계에 있었습니다. 도시는 한편으로 농촌의 위협에 대응하기 위해 무장했고, 다른 한편으로는 도망 농노들을 자신들의 이익에 맞게 조직했습니다.

중세도시들에도 자본이 생겨났습니다. 하지만 이 자본은 크게 성장할 수 없었습니다. 상업 유통망이 충분히 발전하지 않은 탓도 있지만, 기본적으로 길드를 관장하는 규약 자체가 이런 성장을 가로막고 있었지요(이를테면 길드마다 장인이 거느릴 수 있는 직인 수가 엄격히 정해져 있었습니다). 그래서 도시의 자본은 장인에서 도제로, 아버지에서 아들로 이어지는 신분적 자본 형태를 벗어나지 못했습니다.

그러다 교류(교통)가 확장되고 도시들 사이에서도 교류가 나타나면서, 생산과 유통이 한 도시를 넘어서게 되었습니다. 마르크스는 어떤 지역에서 한번 획득된 생산력이 사라질지 더 발전할지를 결정하는 것은 "전적으로 교류의 확장에 달렸다"라고 했는데요.[63] 교류가 세계적으로 확장되고 이로 인해 점차 대규모 생산이 요청되면서 중세도시의 길드 체제와는 다른 생산형태가 나타납니다.

이것이 바로 자본주의적 생산형태의 하나인 매뉴팩처인데요. 매뉴팩처는 한편으로 일정 규모 이상의 자본의 축적을 전제하지만 다른 한편으로는 노동력의 집중을 필요로 합니다. 그래서 매뉴팩처들은 길드의 규약에서 자유롭고 어느 정도의 노동력이 모여 있는 농촌에서 시작되는 경우가 많았습니다. 농민들 역시 매뉴팩처를 새로운 도피처로 삼았습니다 (도시의 길드는 자신들을 배제하거나 열악한 조건에서 일하게 했으니까요). 최초의 매뉴팩처가 도시 길드의 업종이 아니라 농민들이 농사를 짓는 틈틈이 부업으로 해오던 방적과 직조에서 시작되었다는 것은 의미심장하지요.[64] 물론 매뉴팩처가 세워진 지역은 금세 가장 번창한 도시가 되었습니다. 마르크스가 근대의 역사(시작)를 '농촌의 도시화'라고 표현한 것은 이런 맥락이었을 겁니다.[65]

이상으로 마르크스가 '도시와 농촌의 분리'를 왜 중요하게 생각했는지 그리고 '도시와 농촌의 대립'으로 경제사를 요약한다는 것이 어떤 것인지를 간략히 정리해보았습니다. 마르크스 자신이 어떤 생각을 어떻게 더 발전시키려 했는지는 모르겠습니다. 다만 자본주의의 발전과 더불어 도시와 농촌이 어떻게 변화했고 또 둘의 관계가 어떻게 되었는지는 지금도 중요한 주제임에 틀림없습니다.

II──마르크스의 인도론

마르크스는 자본주의 이전의 사회형태들에서 사회적 분업과 작업장 분업이 어떤 관계를 맺는지 설명하기 위해 인도의 작은 공동체들을 예로 들었습니다. 이들 공동체에서는 사회적 분업이 발달했습니다. 그러나 상품교환을 매개로 한 분업이 아닌 신분 질서에 입각한 분업이었어요. 작업장 분업은 사회적 분업과 달리 거의 발달하지 않았고요.

　　마르크스에 따르면 이들 공동체는 '자족적 생산의 총체'를 이루고 있어 왕조 교체 같은 정치적 폭풍이 지나가도 변함없이 유지됩니다. 우연히 붕괴된다 해도 같은 장소에 같은 형태의 공동체가 또 생겨납니다. 마르크스는 이를 '아시아 사회의 불변성의 비밀을 푸는 열쇠'라고 했는데요. 본문에서는 분업 문제만을 다루므로 이에 대해 그 이상은 이야기하지 않았습니다. 그런데 우리는 마르크스의 언급에서 그가 아시아 사회를 매우 특수한 사회형태로, 특히 역사성이 부재한 사회로 본다는 것을 알 수 있습니다.

○영국의 인도 지배──사실 마르크스는 1850년대 중반 인도에 관한 몇 편의 짧은 글을 썼습니다.『뉴욕 데일리 트리뷴』*New York Daily Tribune*에 기고한 기사들인데요. 이 신문의 편집인인 찰스 다나(Charles Dana)가 마르크스에게 런던 통신원이 되

어줄 것을 제안했습니다. 다나는 1848년 혁명 기간에 마르크스를 만난 적이 있습니다. 그는 당시 『신라인신문』을 만들어 활동하던 마르크스를 눈여겨보았던 것 같습니다. 마르크스는 다나의 제안을 기꺼이 받아들였고("명령조로 가해진 생업의 필요 때문"에요[66]), 8년 동안 여러 편의 글을 기고했습니다. 인도에 관한 짧은 글, 이를테면 「영국의 인도 지배」(1853), 「영국의 인도 지배의 장래의 결과」(1853), 「인도의 봉기」(1857) 등도 여기 기고한 글들이지요.

마르크스가 '영국의 인도 지배' 문제를 생각하게 된 것은 아주 흥미롭습니다. 왜냐하면 영국과 인도의 만남은 서구와 비서구, 자본주의와 비자본주의의 만남이기 때문입니다. 조금 거칠게 말하자면, 인도에 관한 글을 쓰기 전까지 마르크스가 인류의 역사로 생각했던 것은 사실 서구의 역사였습니다. 그가 언급한 민족적 '차이'는 유럽 내의 특수성에 불과했지요. 정치학의 프랑스, 경제학의 영국, 철학의 독일 하는 식으로 말입니다.[67] 역사적 비동시성에 대해 말할 때도 프랑스와 독일의 역사적 시차를 언급하는 수준이었습니다(프랑스가 1789년에 수행한 정치적 혁명을 프로이센에서는 반세기나 뒤진 1848년에 시도하고 있다는 식으로요[68]). 그러나 영국과 인도 사이의 차이는 이런 수준에서 이야기할 수 있는 게 아닙니다. 인도 사회의 성격은 유럽 문화의 보편성을 전제한 채로 말하는 민족적 특수성과는 완전히 다르며, 인도는 서구와 동일한 궤도의 역사를 걸어오지 않았습니다.

마르크스는 서구에서 가장 발전한 자본주의 국가인 영국의 인도 침략과 지배를 어떻게 보았을까요. 그는 과거 인도를 정복했던 그 어떤 세력과도 영국은 달랐다고 했습니다. 과거 인도의 정복자들은 정치적 권좌를 차지했을 뿐입니다. 누구도 인도 사회의 기본 단위인 촌락(Dorf)을 건드리지는 못했습니다. 본문에서 말한 '자족적 생산의 총체'로서의 공동체를 아무도 바꾸지 못했습니다. "지금까지의 인도의 정치적 양태가 아무리 변화무쌍한 것이었다고 하더라도 그 사회적 조건은 먼 옛날로부터 19세기 첫 몇 십 년에 이르기까지 변화하지 않은 채로 존속했다."[69] 앞서 말한 '아시아 사회의 불변성'을 가리키는 건데요. 사실상 영국의 지배와 더불어 인도 사회에 변화, 달리 말하면 역사성이 시작된 것처럼 말하고 있습니다. 그 전까지 인도는 역사 없는 나라였다는 거죠[70](어떻게 마르크스가 수천 년의 인도 역사를 이렇게 단순화했는지, 그가 접한 인도에 관한 자료의 성격에 대해서는 조금 뒤에 이야기하겠습니다).

영국은 과거 어떤 정복자도 건드리지 못했던 인도 사회의 기본 골격을 무너뜨렸습니다. 마르크스는 이 과정을 마치 눈앞에서 보는 듯 쓰고 있습니다. "수많은 근면하고 가부장제적인 무해한 사회조직이 해체되고 각 구성단위로 분해되어 고통의 바다에 던져지는 광경 그리고 그 개개의 성원들이 자신들의 고대 문명 형태와 자신들의 전래의 생활수단을 동시에 상실하는 광경을 지켜보는 것은 인간의 감정을 애절하게 한다."[71] 세상에 별다른 해를 끼치지도 않고 살던 사람들이 그

공동체의 몰락과 더불어 고통의 바다에 던져지는 광경. 마르크스는 분명히 영국의 침략을 잔인한 폭력으로 그려내고 있습니다.

그런데 놀랍게도 마르크스는 곧바로 영국의 만행을 용인하는 것처럼 보이는 말을 합니다. "무해한 것처럼 보이는 이 목가적 촌락공동체가 언제나 동양 전제정치의 견고한 기초를 이루어왔다는 것, 이 촌락공동체가 인간정신을 있을 수 있는 가장 좁은 틀에 제한하였고, 인간정신을 미신의 온순한 도구로, 전통적 관습의 노예로 만듦으로써 그 웅대함과 역사적 정력을 앗아버렸다는 것을 잊어서는 안 된다."[72] 마치 오래 병든 사람에 대한 가혹한 치료를 목격하는 것처럼, 마르크스는 비명 지르는 사람의 고통에 가슴을 쥐어짜면서도 머리로는 그 필요성을 인정하는 듯 말하고 있습니다.

물론 그는 글의 곳곳에서 영국의 인도 침략을 규탄합니다. 영국이 인도에 들어간 것은 문명이나 자유, 해방 등과는 아무런 상관도 없다고, 오직 "천하기 그지없는 이익"에 대한 열망이 있었을 뿐이라고.[73] 그러나 그는 영국의 침략 동기와 상관없이 그것이 수행하는 무의식적인 역사적 역할이 있다고 봅니다. "문제는 아시아의 사회 상태의 근본적 혁명 없이 인류가 그 사명을 다할 수 있겠는가 하는 것이다. 영국이 저지른 죄가 아무리 크다 하더라도 그러한 혁명을 일으킴으로써 영국은 역사의 무의식적 도구 노릇을 하였던 것이다."[74]

인류의 사명이니 역사의 무의식적 도구니 하는 말은 혁

명과 세계사에 대한 마르크스의 '당시' 생각을 보여줍니다. 그는 '인류'라는 말을 썼는데요. 인도인, 아시아인을 그대로 두고는 인류가 사명을 완수할 수 없다고 했습니다. 인도인(아시아인)을 '뒤처진 인류' 혹은 '인류에서 이탈한 존재'와 같이 보고 있습니다. 인도인(아시아인)을 인류에 합류시키고, 인도(아시아)의 역사(역사 없는 역사)를 세계사에 합류시켜야 한다는 거죠. 그러나 여기서 '인류'는 사실상 '서구인들'이고, '세계사'는 서구의 역사, 그것도 자본주의에 도달한 서구의 역사입니다. 서구 자본주의의 역사를 세계의 보편사로 인정하고 있는 거죠(천하의 마르크스도 유럽중심주의에서 벗어나지 못했었다고 하니 좀 충격적일지도 모르겠습니다).

마르크스의 사고 근저에는 인도를 서구화하는 것이 문명화하는 것이라는 생각이 깔려 있습니다. "영국은 인도에서 이중의 사명을 수행해야 했다: 파괴의 사명과 재생의 사명—낡은 아시아 사회를 파괴하는 것과 서구적 사회의 물질적 기초를 아시아에 구축하는 것."[75] 인도 사회의 아시아적 골격을 파괴하고 서구 사회를 심어야 한다는 건데요. 한마디로 인도를 자본주의화해야 한다는 거지요. 실제로 영국은 인도에 전신을 깔고 철도와 도로를 놓고 항구들을 연결합니다. 그리고 공장을 만듭니다. 영국이 이런 일을 한 것은 면화 등의 원료를 값싸게 가져가기 위함이었지만 마르크스는 이것이 결국 인도 사회의 근대화를 위한 '물질적 기초'를 구축하는 일이 되리라고 보았습니다. 교통망 건설은 고립된 채 자족적이었던 촌락

공동체를 해체할 것이고 생산과 교류의 새로운 욕구를 불러일으킬 것이다, 그리고 일단 생산에서 기계가 사용되기 시작하면 기계를 만드는 일도 시작될 것이다……, 마르크스는 인도가 이런 식으로 자본주의화될 것이라고 봤지요.

물론 이것이 인도인들에게 자유와 해방을 줄 것이라고 생각하지는 않았습니다. 다만 영국은 부르주아지 일반이 프롤레타리아트 혁명을 위해서 하는 일을 인도인들을 위해서 하는 것뿐입니다. 바로 "새로운 세계의 물질적 토대를 창조"하는 일이지요.[76] 영국은 인도를 서구와 동시대로 만드는 일을 하는 겁니다. 인도인을 서구인처럼 만드는 거죠.

여기까지 보면 인도 문제와의 마주침이 마르크스 사유에 어떤 변화를 준 것 같지 않습니다. 이를테면 『공산주의당선언』에서 보여준 혁명과 세계사에 대한 견해를 인도 사회에 덮어씌운 것처럼 보입니다. 분명히 서구와는 다른 차이를 인도에서 보았으나 그 차이를 '인도를 서구화'하는 방식으로 없애버리고 있습니다. 인도를 영국처럼, 아시아를 서구처럼 만든 뒤, 자신이 갖고 있던 보편적 세계사, 보편적 혁명의 구도를 적용하고 있는 겁니다.

○마르크스의 오리엔탈리즘? ── 마르크스는 오리엔탈리즘에 빠져 있었던가. 지금까지 이야기한 바로는 부인하기 어려울 것 같습니다. 심지어 「영국의 인도 지배」라는 글의 도입부는 오리엔탈리즘의 전형이라고 볼 수 있을 정도입니다. 그는 인도

를 자연환경으로 보면 "아시아적 규모의 이탈리아"이고, 사회적으로 보면 "동양의 아일랜드"라고 말합니다. 그러고는 당시 서구인들이 '인도' 하면 떠올리는 어떤 환상을 반복합니다. 소위 '관능의 세계와 고난의 세계'가 기묘하게 결합되어 있는 나라라는 거죠. 이 나라를 지배하는 힌두교는 "육욕적 환희의 종교이면서 동시에 고행적 금욕의 종교"라고 말합니다.[77]

『오리엔탈리즘』의 저자 에드워드 사이드(E. W. Said)는 마르크스 역시 당시의 오리엔탈리즘에서 벗어나지 못했다고 썼습니다. 당시에는 책을 통해 동양에 대한 지식을 축적한 '서재파' 오리엔탈리스트들과 현지 체험 경력을 가진 오리엔탈리스트들이 막대한 정보를 쏟아내고 있었는데요. "이런 두 종류의 경험은 하나가 되어 엄청난 도서관을 구축했고" 이 도서관에 대해서는 "마르크스조차 반항할 수가 없었고 비켜 지나갈 수도 없었다"라는 겁니다.[78]

실제로 인도에 대한 마르크스의 지식은 대부분 도서관에서 나왔을 겁니다. 그는 「영국의 인도 지배」에서, 『자본』에서도 인용한 바 있는 토머스 스탬퍼드 래플스(Thomas Stamford Raffles)의 『자바의 역사』를 인용하고 있는데요. 래플스는 자바의 부총독이었습니다. 래플스는 책에서 1812년 영국 하원에 보고된 내용을 인용했는데요. 마르크스는 이것을 다시 인용하고 있습니다. 이처럼 마르크스가 본 인도란 식민주의자들의 눈으로 기록한 인도인 겁니다.

그런데 사이드는 재밌는 말을 합니다. 인도에 대한 언급을 보면 마르크스가 동양 사회의 급격한 변동 과정에서 동양인들이 겪어야 하는 고통을 느끼고 있다는 거죠. 사이드는 마르크스가 "비록 지극히 약간이었다고 할지라도 불쌍한 아시아와 일체화되었다는 사실"에 주목합니다. 하지만 마르크스는 자신에게 일어난 '무언가'를 금세 포기해버립니다. 사이드에 따르면 '준열한 검열관'을 만났기 때문입니다.[79] 고통받는 개인들을 바라볼 때는 감정적 동일시를 했지만 머릿속에 '동양', '아시아'라는 집단표상이 떠오르는 순간 감정적 동일시가 중단된 거죠. 저들은 아시아인이라는 생각이 드는 순간 아시아에 대해 유럽인이 가진 이미지, 이를테면 전제군주가 통치하고 도무지 변화가 일어나지 않는 사회라는 이미지가 떠오른 겁니다. 그러고는 어떤 희생을 감수하더라도 아시아를 구원해야 한다는 생각이 따라 나옵니다. 사이드는 마르크스가 낭만주의적이고 메시아적인 동양관을 가지고 있었다고 했습니다.[80]

마르크스 역시 오리엔탈리즘에서 벗어나지 못했다는 사이드의 판결은 정당해 보입니다. 정상참작의 여지가 없는 것은 아니지만 오리엔탈리즘에 물들었다는 결론을 바꿀 정도는 아닙니다. 그런데 나는 조금 다른 곳에 주목하고 싶습니다. 사이드는 '검열관'에 주목했지만 나는 검열관 앞에 잠깐 떠올랐던 '무언가'에 주목하고 싶습니다. 정신분석학적으로 말하자면 '억압된 것'이라고 말해도 좋겠습니다("억압된 것은 돌아온다"라는 말을 염두에 두면서요).

　과연 인도는 마르크스에게 아무런 영향도 미치지 못했을까요. 조금 이른 시기의 마르크스로 잠시 돌아가볼까 합니다. 앞서 읽은 인도론에서는 영국이 구축한 교통 체계가 전통적 질서를 모두 파괴할 것처럼 말했는데요. 10년 전 『독일 이데올로기』(1845)에서는 이것이 간단한 과정은 아니라는 식으로 말하고 있습니다.[81] 한 사회 안에서도 변화된 생산력에 적합한 새로운 교통 형태가 자리 잡는 데는 시간이 많이 걸립니다. 다양한 전통적 요소들이 완전히 제압되지 않은 채로 살아남기 때문입니다. 한 사회의 교통 형태를 지반이 전혀 다른 사회로 옮길 때는 더 말할 것도 없겠지요. 북미처럼 전통적인 것의 저항 없이 서구의 교통 형태를 그대로 이식할 수 있는 경우가 아니라면 말입니다.

　지반이 전혀 다른 한 사회에 다른 사회의 편제를 덮어씌울 수 있는가. 인도 사회의 기본 골격은 파괴되겠지만 그 요소들까지 사라질까요. 간단치 않을 겁니다. 설령 영국이 인도를 성공적으로 서구화한 경우라도 거기에는 '합체할 수는 있지만 용해할 수는 없는'[82] 요소들이 남을 겁니다. 과연 이 요소들이 인도 사회의 전환 과정에서 아무런 역할도 하지 않을까요. 저 깊은 곳에 그대로 매장된 채로 머물러 있을까요.

　마르크스는 자본주의 이후 인도의 미래에 대해 두 가지 가능성을 언급했습니다. 하나는 "인도인 자신이 충분히 강해져서 영국의 멍에를 완전히 벗어던지게 되는" 것입니다. 영국에서 받은 것을 영국을 향한 무기로 활용하는 겁니다. 다른 하나는 "대영제국 자체에서 산업 프롤레타리아트가 현재의 지배계급을 밀어내고 그 자리에 앉는 것"입니다.[83] 둘 모두 혁명이지만 그 결이 좀 다릅니다. 전자는 식민지에서 일어나는 탈식민주의 혁명이고 후자는 식민주의 국가에서 일어나는 탈자본주의 혁명이라고 할 수 있겠지요. 전자의 혁명에서는 식민지 인도인 모두가 해방의 주체인 반면 후자의 혁명에 대해서는 영국의 프롤레타리아트가 혁명의 주체이지요(영국에서 일어난 혁명이 인도를 구원하는 형식입니다). 인도가 영국화되었다고 해도 인도의 미래를 결정짓는 혁명의 양상이나 주체는 다를 수 있는 겁니다. 마르크스는 분명히 서구 자본주의사회에서와는 다른 혁명의 주체를 본 셈입니다.

그러나 세계혁명과 관련해 마르크스는 탈식민주의 투쟁의 비중을 크게 생각하지 않았습니다. 즉 '인도인이 강해져서 영국의 멍에를 벗어던지는' 일의 가능성, 그리고 그것이 자본주의 세계질서를 바꿀 가능성을 높게 보지 않았지요. 그는 미래 혁명은 아무래도 "가장 선진적인 각국 인민의 공동관리" 형태로 이루어질 때 부르주아 시대와는 다른 세계질서가 가능하다고 보았습니다. 인도가 아니라 영국 등 서구에서 혁명이 일어나야 한다는 겁니다.[84]

○인도의 귀환——인도론을 쓰고 3~4년이 지난 후 마르크스는 흥미로운 글을 썼습니다. 「자본주의적 생산에 선행하는 형태

들」이라는 글인데요. 『정치경제학 비판 요강』(1857~1858)에 수록되어 있지요.[85] 이 글에서 마르크스는 '아시아적 형태'를 자본주의에 선행한 중요한 사회형태들 중 하나로 언급합니다.

이 글이 흥미로운 것은 마르크스가 나열한 사회형태들 사이의 이행이 그리 필연적으로 보이지 않기 때문입니다. 그는 아시아적 형태를 가장 먼저 거론했는데요. 아시아적 형태에는 역사적 이행의 계기라는 것 자체가 존재하지 않습니다. 그다음에 나오는 고대 로마적 형태로 이행할 이유가 없지요. 사실은 로마적 형태도 그렇습니다. 로마적 형태는 아시아적 형태와 달리 매우 역동적인 체제이기는 하지만 그 몰락이 게르만적 형태로 이어질 이유가 없습니다. 실제로 게르만적 형태가 로마적 형태가 있던 곳에서 생겨난 것도 아니고요. 이것들은 시간의 순서를 이루지도 않습니다. 아시아적 형태, 로마적 형태, 게르만적 형태는 동시적으로 다른 지역에 얼마든지 존재할 수 있는 형태들입니다.

마르크스가 『독일 이데올로기』나 『공산주의당선언』 같은 이전 책들에서 고대 로마적 형태, 중세 게르만적 형태, 근대 자본주의적 형태를 역사 발전의 도식처럼 제시하고, 심지어 이 글을 쓴 이후 펴낸 『정치경제학 비판을 위하여』의 서문(1859)에서도 '아시아적, 고대적, 봉건적, 그리고 현대 부르주아적 생산양식들'을 '진보하는(progressive) 단계들'로서 제시한 것은 사실입니다.[86] 하지만 서구의 역사에서 지배적 사회형태 내지 생산양식의 순서가 그렇다 하더라도, 최소한 「자본

주의적 생산에 선행하는 형태들」을 통해 보건대 이것이 필연적 경로일 수는 없습니다.[87]

특히 이 글에서 '아시아적 형태'의 지위는 특별합니다. 마르크스는 이 글에서 '아시아적 형태'의 다양한 변형을 소개하는데요. 인도 공동체와 같은 부류로 동유럽의 슬라브족 공동체, 북유럽의 켈트족 공동체, 남미의 페루 공동체 등을 들고 있습니다.[88] 즉 아시아적 형태는 아시아에만 있는 게 아닙니다. 세계 곳곳에 있지요. 심지어 마르크스가 『정치경제학 비판을 위하여』 서문에서 제시한 바에 따르면 아시아적 형태는 서구의 사회구성체 역사에서도 맨 앞에 놓여 있습니다.

그렇다면 '아시아적 형태'는 아시아에 관한 이야기라고 볼 수 없습니다. 좀 과감하게 말한다면 아시아적 형태는 서구에서 역사적 이행이 시작되기 전에 존재했거나[일종의 선(先)역사 내지 원(原)역사로서 말이지요], 서구적 경로 바깥에서 계속 존재해온 사회형태입니다.

과연 이 형태는 태고의 시절에 묻혀 있기만 할까요. 영국의 지배 아래 들어간 인도의 공동체들은 완전히 사라진 걸까요. 1882년 마르크스는 인도의 공동체들과 같은 부류에 있던 슬라브족 공동체에 대한 물음과 대면합니다. 러시아 마르크스주의자인 베라 자술리치(V. Sassulisch)가 마르크스에게 물었습니다. 러시아는 공산주의에 이르기 위해 서구 자본주의 길을 가야 하는지, 그리고 러시아 농촌의 전통 공동체들은 모두 해체되어야 하는지. 나는 자술리치의 물음이 '인도의 귀환'이라고 생각합니다.

마르크스는 이렇게 말했습니다. 역사적 구성체는 지질학적 지층들처럼 여러 유형으로 이루어진 계열이며, 서구 사회의 경험을 러시아의 것으로 삼을 수는 없다고요(그렇게 본다면 『정치경제학 비판을 위하여』의 서문에 나온 발전 순서는 하나의 계열일 뿐입니다). 각 사회가 처한 환경과 내부 요인들에 따라 역사의 이행 경로는 달라질 수 있다고요. 그뿐만이 아닙니다. 마르크스는 도래할 새로운 사회형태에 대해 "태곳적 사회형태"를 "고차적 형태로 재탄생시키는" 일이라고 했습니다(『다시 자본을 읽자』, 162~163쪽). 도래할 사회가 태고의 고차적 재탄생이라니요. 정말 놀라운 말이 아닐 수 없습니다.

나는 이 '태곳적 사회형태'는 그가 말한 '아시아적 형태' 즉 서구의 역사 이전이나 서구의 역사 바깥에 두었던 그 공동체들과 무관치 않다고 봅니다. 1850년대 마르크스는 혁명을 위해 인도에는 영국이 필요하다고 했지만, 1880년대의 마르크스는 영국에 인도가 필요하다고 말할지도 모르겠습니다. 1882년에 쓴 『공산주의당선언』의 러시아판 서문에서는 "러시아의 혁명이 서구의 프롤레타리아 혁명의 신호가 되어, 그리하여 양자가 서로를 보완한다면, 현재 러시아의 토지 공동소유는 공산주의적 발전의 출발점이 될 수 있을 것"이라고 썼으니까요.[89]

III──아그리파의 우화

앞서 본문에서 보았듯, 마르크스는 매뉴팩처가 특수하고 일면적인 능력만 발전시킴으로써 노동자를 '불구화'한다고 비판했는데요. 인간이 특수한 기관으로 전락했다는 점에서 "메네니우스 아그리파(Menenius Agrippa)의 우화가 현실이 되"었다고 했습니다.[김, 489; 강, 495] 여기서 말한 '아그리파의 우화'란 아그리파가 분노한 로마 평민들 앞에서 들려준 이야기입니다. 기원전 494년 로마의 귀족과 평민이 충돌했을 때의 일입니다.

    티투스 리비우스(Titus Livius)의 『로마사』*Ab Urbe Condita*에 자세히 소개되어 있는데요. 리비우스에 따르면 당시 로마에는 두 가지 위협이 존재했습니다. 하나는 빈번한 외적의 침입이었고 다른 하나는 내부의 평민 반란 조짐이었지요.[90] 당시 로마의 평민들은 지독한 채무에 시달리고 있었습니다. 사실 이 두 문제는 긴밀히 연관되는 것이었습니다. 마르크스도 『자본』 III권에서 이 문제를 언급하는데요.[91] 로마 귀족들은 평민들에게 군복무를 강제했는데 과도한 군역으로 일을 할 수가 없어 평민들은 가난해졌습니다. 이때 귀족들은 전쟁에서 얻은 전리품(특히 화폐로 사용된 금속인 구리)을 평민들에게 대부했습니다. 높은 이자를 받고 말이지요. 이 때문에 많은 평민이 채무노예 상태에 빠졌습니다.

로마는 외부의 적은 물리쳤지만 내부에서 전복될 위험에 처했지요. 지도자들은 평민들을 전쟁에 내보내며 채무 탕감을 약속했지만 좀처럼 지켜지지 않았습니다. 통치 계급인 귀족이 고리대로 큰 이익을 보고 있었으니까요. 평민들의 분위기가 심상치 않게 흘러가자 원로원은 전쟁이 끝났는데도 군대를 해산하지 않았습니다. 평민들을 계속해서 군대에 잡아두려는 생각이었지요. 그런데 병사들이 집단으로 탈영했습니다. 그러고는 '성스러운 산'으로 올라가버렸지요.

로마는 대혼란에 빠졌습니다.[92] 모든 일이 멈추었지요. 외적이 쳐들어오기라도 한다면 속수무책인 겁니다. 게다가 도시 안에 남은 평민들은 원로원의 보복을 두려워했고, 원로원은 평민들의 반란을 두려워했습니다. 이때 원로원에서 사태 해결을 위해 보낸 사람이 아그리파입니다. 아그리파는 평민 병사들을 설득하려고 '성스러운 산'에 올라갔습니다. 그는 훌륭한 웅변가이기도 했지만 무엇보다 평민 출신이었습니다. 그래서 병사들이 좋아했지요.

탈영병들을 찾아간 아그리파는 이런 이야기를 합니다. "오래전 인간의 몸에 있는 여러 기관들은 지금처럼 단합을 하지 못하고 서로 불화했습니다. 그것들은 저마다 다른 생각을 했고 다른 언어로 그것을 표현했습니다. 다른 기관들은 위장에다 모든 영양분을 제공해야 하는 수고와 노력을 괘씸하게 생각했습니다. 이처럼 도와주는 기관들에 둘러싸인 위장은 아무런 하는 일도 없이 가져다주는 맛좋은 것들만 즐긴다고 보았습니다. 그래서 불만인 기관들은 서로 짜고서 이렇게 하기로 했습니다. 손은 입에게 음식을 가져다주지 않는다. 입은 그 안에 들어오려는 것을 받아들이지 않는다. 이빨은 아무것도 받아들이지 않고 그래서 씹지 않는다. 그러나 슬픈 일입니다! 그들이 화를 내며 위장을 굶겨 죽이려 했기 때문에, 그들 자신과 온몸이 시들시들해지더니 결국 다 죽고 말았습니다. 이렇게 볼 때 위장도 적지 않은 일을 하는 게 분명합니다. 위장이 음식을 받아들이는 것은 사실입니다. 그렇지만 혈관을 통하여 신체의 다른 부분들에 골고루 영양분을 나누어 줍니다. 위장이 소화과정을 통하여 영양분을 날라주는 피를 만들어낸 거지요. 그리고 이 피에 우리의 생명과 건강이 달려 있습니다."[93]

리비우스에 따르면 아그리파 이야기가 너무나 그럴듯해서 병사들의 분노가 많이 누그러졌다고 합니다.[94] 우화를 통해 아그리파는 신체의 '사지'(四肢)에 해당하는 평민이 귀족을 먹여 살리는 것 같지만 '위장'(胃腸)에 해당하는 귀족이 없다면 평민도 살 수 없음을 말한 것이지요. 어떤 점에서는 위장이야말로 사지를 먹여 살리고 있다고 한 셈입니다. 사실 우리는 이 우화의 자본가적 판본을 많이 들어왔습니다. 노동자들이 일해서 자본가를 먹여 살리는 것 같지만 실상은 자본가가 노동자들을 먹여 살리는 것이라고요.

흥미롭게도 마르크스는 『자본』 집필에 열중할 때 어떤 강연에서도 아그리파의 우화를 언급한 적이 있습니다. 1865

년 6월 20일과 27일에 국제노동자협회(인터내셔널)에서 행한 연설인데요(이 연설문은 1898년 「가치, 가격, 이윤」Value, price and profit으로 출판되었습니다. 이 연설문의 독일어 번역본은 「임금, 가격, 이윤」Lohn, Preis und Profit입니다). 영국의 사회주의자 존 웨스턴(John Weston)의 주장을 반박하기 위해 작성한 것입니다. 웨스턴은 임금 인상과 노동조합 활동이 노동자의 처지를 개선하는 데 도움이 되지 않는다는 주장을 폈습니다. 그는 전체 임금 총액은 정해져 있어 일정 수의 사람들이 일정량을 먹을 수 있는 수프와 같다고 했습니다(그는 주장의 근거를 밝히지는 않았습니다. 참고로 이처럼 한 사회의 임금 총액이 정해져 있다고 보는 사고의 문제점에 대해서는 우리 시리즈 10권에서 살펴볼 겁니다). 그릇의 크기가 정해져 있다면 더 큰 숟가락으로 푼다고 해서 더 많이 먹는 것은 아니라는 거죠. 어차피 정해진 양을 나누어 먹는 것이니까요.

마르크스는 아그리파의 우화가 떠오른다고 했습니다.[95] 아그리파는 귀족의 배가 사지에 해당하는 평민을 먹여 살린다고 했지만, 마르크스는 아그리파가 "어떤 사람의 배를 채움으로써 다른 사람의 사지를 양육할 수 있다는 것을 논증할 수는 없었다"라고 했습니다. 실제로 로마의 부를 먹어치우는 귀족의 위장이 귀족의 사지가 아닌 평민의 사지에 양분을 보낸다는 걸 보여주지는 못했다는 거죠.

이는 19세기 유럽 자본가의 위장에도 해당하는 이야기입니다. 노동자들이 생산한 잉여가치가 그들의 위장으로 들어간 뒤 노동자들에게 되돌아오는 것은 아니니까요. 자본가들이 노동자들을 먹여 살린다고 생각하는 것은 임금을 지급하기 때문인데요. 웨스턴의 비유를 쓰자면 노동력의 가치 총액이 담긴 그릇을 내미는 거지요. 노동자들이 이 그릇에 담긴 수프를 먹고 살아가는 것은 맞습니다. 그러나 중요한 것은 이 그릇에 담긴 수프는 노동자들이 생산한 전체 가치의 일부에 지나지 않는다는 사실입니다. 자본주의에서 노동자들이 받는 수프의 양은 언제나 자신들이 생산한 수프의 양보다 적습니다. 그 차이가 자본가들의 배로 들어가는 양입니다.

여기에 웨스턴의 문제가 있습니다. 그는 숟가락을 키운다고 해서 먹을 수 있는 양이 늘어나는 것은 아니라고 했습니다. 그것은 노동자들이 받은 그릇에서 수프를 푼다고 생각하기 때문입니다. 그러나 전체 그릇 즉 노동의 전체 생산물에서 노동자들이 자기 몫을 왜 그것밖에 챙길 수 없었는가 하면 자본가의 숟가락에 비해 노동자들의 숟가락이 작기 때문이지요.[96] 이것은 힘의 문제, 권력의 문제입니다.

결국 아그리파의 우화가 성립하려면 귀족의 위장이 평민의 위장이기도 해야 합니다. 평민은 사지를 움직이지만 위장이 비어 있고, 귀족은 사지를 그냥 놀리면서도 위장을 채운다면, 그것은 기식자가 계속 기식하기 위해 공생의 환상을 퍼뜨리는 것과 같지요. 마르크스는 아그리파의 우화를 언급한 『자본』의 본문에 이런 주석을 달았습니다. "산호의 경우에는 각 개체가 실제로 전체 덩어리의 위장을 이루고 있다. 그것은 로마의 귀족들처럼 영양분을 가져가는 것이 아니라 그것을 전체 덩어리에 공급한다."[김, 490, 각주 41; 강, 495, 각주 64] 한몸이 되어 산다는 것은 이런 겁니다. 모두가 능력껏 일하고 그성과물을 모두와 나누는 것이지요. 산호는 이웃을 내 몸처럼삽니다. 아니죠. 산호는 이웃을 내 몸으로 살아갑니다. 아그리파의 우화가 성립하려면 이 정도는 되어야죠.

IV──과학적 관리법과 빨간 페터

매니지먼트(management). '경영'이나 '관리'로 옮기는 말입니다. '손'을 뜻하는 라틴어 '마누스'(manus)에서 온 말이지요. '매뉴팩처'도 그렇습니다. '매뉴팩처'는 '손으로(manus) 만들었다(factus)'라는 뜻입니다. 그런데 '매니지먼트'의 유래는 좀 특별합니다. '매니지'(manage)(경영하다, 관리하다)라는 말은 16세기에 처음 등장했는데요. 당시에는 '말의 조련'을 의미했습니다. 이탈리아어 '마네지아레'(maneggiare)가 그 시작입니다. 그리고 이 뜻은 프랑스어 '마네주'(manège)에 지금도살아 있습니다.

현대 노동과정을 분석한 해리 브레이버맨(H. Braverman)은 이 단어가 자본주의사회에서 '경영' 내지 '관리'라는 말로쓰이는 것이 의미심장하다고 봅니다. "고삐, 재갈, 박차, 당근과 채찍을 이용하여 태어날 때부터 말에게 자기의 의지를 강요하는 기수처럼 자본가는 관리를 통해 통제하려고 노력한다. 그리고 관리의 이론가들이 암시적으로나 명시적으로 인정하듯이 통제는 모든 관리제도에서 가장 중심적인 개념이다."[97] 그래서 자본주의 기업에서 '관리되지 않는다'라는 말은 '통제되지 않는다'라는 말과 같습니다.

　　그런데 본문에서 우리는 매뉴팩처 생산의 토대가 수공업 즉 인간의 손이기에 어떤 한계를 가질 수밖에 없다고 했습니다. 아무리 재갈을 물리고 고삐를 잡아당기고 박차를 가해도 넘어설 수 없는 지점이 있습니다. 때로는 당근을 주고 때로는 채찍을 가해도 노동은 기본적으로 노동자의 몫입니다. 노동자에게 맡길 수밖에 없는 영역이라는 겁니다. 일을 분할하고 순서를 짜고 일의 양과 속도를 정할 때도 노동자 특히 숙련공의 경험을 기준으로 삼을 수밖에 없습니다. 그러나 이런 식으로 해서는 노동과정을 완전히 장악할 수가 없지요.

　　그래서 자본가들은 생산 메커니즘을 점차 인간들의 체계에서 기계들의 체계로, 즉 기계 시스템으로 바꾸어나갑니다 (이것이 다음 책의 주제입니다). 노동생산력의 증대 방법을 노동수단의 혁신에서 찾은 거지요. 그렇다고 작업방식의 혁신이 중단된 것은 아닙니다. 노동자들의 작업방식을 근본적으로 고치려는 시도가 20세기 초에 이루어지는데요. 그 대표적 예가 프레더릭 테일러의 '과학적 관리법'입니다.

　　20세기 초, 그러니까 기계제 대공업이 지배적 생산형태가 되고 한참이 지난 뒤 미국의 대공장에서 시도된 작업방식을 매뉴팩처 시대(16~18세기)와 연결 짓는 것이 시대착오로 보일 수도 있겠습니다. 하지만 작업방식의 합리화에 대한 테일러의 실험은 사실 매뉴팩처 시대 자본가들의 이상과 멀지 않습니다. 실제로 테일러가 제시한 방법은 기계 기술의 발전과는 별로 상관이 없습니다. 브레이버맨도 이 점을 지적한 바 있는데요. 논리적으로만 따지면 테일러주의는 노동조직과 관리방법에 대한 이야기이지 기술 발전과는 무관하다는 거죠.[98] 테일러가 혁신을 시도한 작업들도 대부분 마르크스가 매뉴팩처 시대 작업형태의 예로 든 것들입니다. 이를테면 우리가 앞서 본문에서 이미 보았듯 벽돌을 나르고 쌓는 일이나 삽질 같은 것입니다.

본문에서 우리는 매뉴팩처 시대 작업방식으로는 노동에 대한 노동자들의 권력을 완전히 박탈하기가 어렵다고 했는데요. 테일러는 그렇게 생각하지 않았던 것 같습니다. 그는 작업방식을 혁신할 여지가 있다고 보았습니다. 그의 발상에서 놀라운 점은 노동을 노동자의 경험과 분리해서 이해하려고 한 겁니다.

전통적 이해에 따르면 노동자의 노동력에는 일에 관한 지식이 포함되어 있습니다. 이를테면 매뉴팩처에서는 처음에 독립수공업자를 고용했습니다. 해당 제품을 만들 줄 아는 사람들이죠. 숙련노동자들도 그런 사람들입니다. 한 노동자는 다른 노동자에게, 한 세대 노동자는 다음 세대 노동자에게 그

지식과 기술을 전수합니다. 이것은 노동자가 노동자에게 전하는 것으로 자본가가 개입할 여지가 별로 없습니다. 다만 자본가는 그런 능력을 가진 사람을 고용할 뿐이지요.

그런데 테일러는 노동하는 법을 노동자의 경험에서 떼어내 과학적 분석의 대상으로 삼았습니다. 어떻게 작업하는 것이 좋은지를 과학적으로 연구해보겠다는 겁니다. 일에 대한 노동자의 지식과 경험을 무화하는 거죠. 이로써 경영자(자본가)가 일 자체에 개입할 여지가 생겼습니다. 사실은 여지 정도가 아닙니다. 노동자는 경영자가 제시한 방식대로만 일을 해야 하지요. 경영자는 노동자가 자신이 지시한 순서와 방식대로 일을 했는지[이 경우 '일'은 경영자가 노동자에게 부여한 '과업'(task)이 되지요]를 체크합니다.[99]

테일러가 실험한 '삽질'을 볼까요. 베들레헴 철강회사에서 테일러는 용광로에 사용할 석탄가루를 운반하는 일을 분석했는데요. 그는 한 삽에 어느 정도의 무게를 올릴 때 노동자가 가장 많은 일을 할 수 있는지를 조사했습니다. 2킬로그램, 5킬로그램, 7킬로그램, ……18킬로그램까지. 결론은 한 삽에 10킬로그램 정도를 올리고 삽질할 때 노동생산력이 가장 높았습니다. 그는 한 삽에 10킬로그램의 석탄가루를 올리도록 노동자들을 훈련시켰습니다. 삽도 여기에 맞게 개량했고요 (매뉴팩처 시대 그 종류가 500가지나 되던 망치를 떠올리게 하지요). 매뉴팩처 시대와 차이가 있다면, 이것이 노동자의 숙련이 아니라 경영자의 분석을 통해 얻은 지식이라는 겁니다. 예전에는 노동자들의 경험에서 나온 방법과 속도에 따라 전체 공정을 계획했다면, 이제는 경영자가 표준화한 작업방식으로 모든 노동자가 일을 해야 합니다.

'벽돌쌓기'도 비슷한 예입니다. 이것은 테일러의 동료 연구원 프랭크 길브레스(Frank B. Gilbreth)가 수행한 연구인데요. 길브레스는 벽돌공의 동작을 연구한 뒤 속도를 늦추거나 피로감을 높이는 불필요한 동작들을 모두 제거했습니다. 아울러 벽돌더미를 쌓을 위치와 반죽통 같은 도구들의 효과적 위치를 연구했지요. 그는 벽돌공이 벽돌 하나를 쌓을 때 보여 준 18개의 동작을 5개로 줄였습니다.

테일러는 길브레스의 연구를 높이 평가하면서 여기에 과학적 관리법의 핵심요소 네 가지가 모두 들어 있다고 했습니다.[100] 첫째, 해당 작업의 과학을 노동자가 아닌 경영자가 개발합니다. 노동자의 동작에 엄격한 규칙을 적용하고 도구와 작업의 조건을 표준화하는 것은 모두 경영자의 몫입니다. 둘째, 노동자를 신중하게 선발해 최고 수준이 될 때까지 훈련시킵니다. 여기에 적합하지 않거나 따르지 않는 노동자들은 제외합니다. 셋째, 경영자는 노동자가 과업을 얼마나 잘 수행했는지를 개별적으로 평가해 포상합니다. 넷째, 노동을 노동자에게 전적으로 맡기지 않고 경영자가 작업방법, 도구, 속도, 협력 등에 대해 책임을 나누어 집니다(책임을 나누어서 진다고 했지만 실상은 노동자 곁에서 해당 작업을 감독할 관리 인력을 따로 뽑아 책임지고 관리하게 해야 한다는 뜻입니다).

요컨대 노동에 관한 지식을 노동자가 아니라 경영자의 소관 사항으로 옮기고(노동에 대해 노동자를 탈지식화하는 겁니다), 노동의 방식과 순서에 대한 구상과 실행을 철저히 분리하며, 노동과정의 단계마다 미리 제시된 계획에 잘 부합하는지 체크하고 통제하는 겁니다.

이게 과연 '과학'일까요. 적어도 확실한 것은 '과학적 관리'에서 말하는 과학은, 브레이버만이 지적한 것처럼, 인간능력에 대한 정보를 얻기 위해 노력했던 생리학자나 심리학자의 과학과는 다릅니다. 테일러가 과학을 통해 '최선'의 작업방식을 찾았다고 했을 때 이것이 노동자에게도 최선이었는지는 말할 수 없습니다. 10킬로그램의 석탄가루를 삽에 올렸을 때 노동자들이 가장 오랫동안 쉬지 않고 일할 수 있다는 사실이 노동자들에게도 '최선'일까요. 단계마다 과업을 제시하고 그것을 체크하는 것이 자본가에게 좋다는 건 알겠습니다. 하지만 노동자에게도 '최선'일까요.

테일러가 '과학적 관리법'이 노동자에게도 이롭다고 말한 이유 중 한 가지는 '높은 임금'에 있습니다. 노동생산력이 증대하므로 임금이 올라간다는 겁니다. 베들레헴 철강회사는 과학적 관리법 도입으로 그중 '삽질' 작업의 경우 노동생산력이 300퍼센트 넘게 증가했습니다. 하지만 임금은 단지 60퍼센트 늘어났지요. 다른 공장보다 60퍼센트나 높은 임금을 받았으니 그걸 보상이라고 말할 수도 있지만 왜 300퍼센트가 아니라 60퍼센트인가에 대해서는 아무런 '과학적' 답변이 없습다.

아니, 테일러는 여기에도 과학이 있다고 말합니다. "오랫동안 면밀한 관찰과 일련의 실험을 수행한 결과, 노동자가 평소와 다른 노력의 대가로 통상적인 임금보다 60퍼센트 오른 임금을 받을 때는 임금 상승에 따라 노동자들은 더욱 검소해질 뿐만 아니라 여러 면에서 개선된 모습을 보였다. …… 이와 반대로 단순하게 임금만 60퍼센트 이상 인상되면 노동자들은 대부분 착실하게 일하지 않고 게을러지고 사치를 부리고 돈을 펑펑 쓰게 된다. 다시 말해 실험을 통해서 대다수의 노동자들에게 갑자기 돈이 많아지는 것은 그리 좋지 않다는 것을 알게 되었다."[101]

왜 임금을 더 높이지 않는가. 과학을 통해 밝힌 바로는 임금을 너무 많이 올려주면 노동자들은 일을 열심히 하지 않는다는 겁니다. 이것이 테일러의 과학입니다. '과학'이라고 했지만 실제로는 노동자에 대한 '통제술'이지요. 어떻게 해야 일을 가장 많이 하고 가장 말을 잘 듣는가. 테일러가 '과학적 관리'라고 부른 것은 노동에 대한 자본 권력의 극대화 방법이었던 겁니다.

테일러의 글을 읽다 보면 그가 주로 육체노동을 분석하고 있을 뿐 아니라 노동 자체를 육체화한다는 것을 알 수 있습니다. 노동을 육체적인 것으로 만든다는 것은 노동자로부터 지적·정신적 요소를 박탈한다는 뜻입니다. 전체 작업 계획은 물론이고 부분작업의 개별 동작까지 노동자들은 모두 경영자의 지시를 따라야 합니다. 노동자란 기계처럼 그저 실행하는 존재에 불과합니다. 앞서 본문에서 마르크스는 매뉴팩처의 경우 결합노동력으로서 '전체노동자'가 하나의 기계라고 보았는데요. 테일러주의의 경우에는 전체노동자만이 아니라 개별 노동자들도 기계처럼 만듭니다. 노동자들의 기계화를 시도하는 거지요(어쩌면 이것이 테일러주의의 한계이자 무능력이었는지도 모르겠습니다. 테일러주의에서는 노동자의 창의성 즉 노동자의 정신적 능력에 대한 활용을 처음부터 포기했으니까요).

이 점 때문에 당대의 이탈리아 마르크스주의자인 안토니오 그람시는 테일러주의를 일종의 '냉소주의'로 읽었습니다. 미국 사회가 새로운 유형의 인간, 새로운 유형의 노동자를 만들어내려 하지만 테일러주의를 통해 생산되는 노동자란 지성, 상상력, 창의력 등이 사라진 신체적이고 기계적인 존재니까요. 그람시의 표현을 빌리자면 이것은 '휴머니즘'(인간주의)에 대한 공격입니다.[102]

노동과정에 대한 테일러식 접근은 어떤 결과를 낳을 것인가. 그람시는 과거 지적 작업에 속했던 일들이 그런 면모를 잃어가는 과정을 살펴보면 테일러주의의 미래에 대해서도 뭔가 유용한 것을 발견할 수도 있겠다고 말합니다.[103] 그가 든 예는 문헌 복제 직업의 변천사인데요. 근대적 인쇄술이 발전하기 전에는 필경사가 이 일을 맡았고, 수동식 인쇄기 시절에는 식자공이 있었습니다. 현대사회에는 속기사와 타이피스트가 있고요(지금은 문서를 스캔하고 자동인식 해서 복제하는 프로그램도 있지요).

이들 직업의 작업형태를 보면 노동자가 점차 문헌의 내용(지적 측면)을 생각하지 않는 쪽으로 발전해온 것을 알 수 있습니다. 또 그렇게 될수록 생산성이 높아졌고요. 이를테면 중세의 필경사는 자신이 복제하는 문헌의 글자나 구문을 바꾸는 경우도 있었고, 자신이 이해할 수 없는 부분을 통째로 빼는 경우도 많았다고 합니다. 글을 베끼는 도중에 자기 생각을 주석 형태로 삽입해 넣기도 하고요. 그는 상당한 지식을 소유한 사람일 수는 있지만 문헌 복제라는 기준만 놓고 보면 '형편없는 필경사'였던 거죠. 그람시는 이것이 '생각하는 시간'과 '작업의 속도' 사이의 관계를 말해준다고 봅니다. "중세에 필기술의 속도가 느렸다는 점은 이러한 약점들에 대해 여러 가지 설명을 해준다. 즉 그는 쓰는 과정에서 생각할 시간이 너무 많았고 결국 '기계화'는 더욱 어려웠던 것이다."[104]

수동식 인쇄기를 쓰던 시절 식자공들은 눈과 손을 끊임없이 움직여야 했기에 중세의 필경사들처럼·생각할 시간을 갖기 어려웠을 겁니다. 속기사나 타이피스트는 말할 것도 없지요. 생각을 하면 실수를 하게 되고 작업속도도 느려집니다. 최대한 생각을 배제하고 몸만 기계적으로 움직이는 것이 생산력을 높이는 데는 효과적입니다. 테일러는 '인간'보다 '훈련된 고릴라'가 더 나을 거라고 했지요.[105] 여기서 '훈련된 고릴라'가 상징하는 것은 기계입니다.

그런데 그람시는 '인간의 기계화'가 '정신의 죽음'을 의미할 것 같지는 않다고 말합니다.[106] 신체가 어떤 동작을 자동으로 수행하는 수준이 된다고 정신이 사라지는 건 아니라는 의미지요. 오히려 정신은 그 동작에 매이지 않고 자유를 찾아갑니다. 마치 처음에 걸음마를 배울 때는 정신이 온통 거기에 매이지만 걸음에 익숙해지면 더는 거기 신경을 쓰지 않는 것과 같지요. 그 정도가 아닙니다. 우리는 걸으면서 다른 생각을 합니다. 산책하며 평소 고민거리를 떠올리기도 하고 아주 창조적인 생각을 하기도 합니다.

그람시는 테일러가 꿈꾼 "훈련된 원숭이란 단지 말에 지나지 않는다"라고 지적합니다. 사실은 당시 미국 자본가들도 그런 우려를 갖고 있었다고요. "'재수 없게도' 노동자는 여전히 인간이다." 테일러는 노동자로부터 지적 능력을 박탈하고 인간을 제거하고자 했으나 노동자는 여전히 사유하고 있으며 '재수 없게도' 여전히 인간으로 남는다는 거죠. 게다가 자본가들이 자신들을 "훈련된 원숭이"로 만들고자 한다는 사실까지 깨달으면, 노동자들은 "순응적인 생각과는 아주 거리가 먼 여러 생각들에 잠기게 될 것"이라고 했습니다.[107]

일찍이 프란츠 카프카(F. Kafka)의 단편 「학술원에 드리는 보고」Ein Bericht für eine Akademie(1917)의 주인공 '빨간 페터'가 보여주었지요. 페터는 최고로 훈련된 원숭이였습니다. 그러나 회초리와 먹이, 반복된 훈련이 필사적으로 출구를 찾는 그의 정신을 앗아가지는 못했습니다. 오히려 그의 정신은 더 발전했고 더 영악해졌습니다. 그는 인간 매니저를 자신의 집사로 만드는 법까지 터득했지요. 아마도 노동자에게 "훈련된 원숭이"를 기대하는 테일러주의 자본가는 저 일하는 원숭이가 혹시 '빨간 페터'는 아닐까 하는 불안에서 영원히 벗어나지 못할 겁니다. 실제로 원숭이들 중에는 언제나 '빨간 페터'가 있기 마련이니까요. 아니, 원숭이들은 '재수 없게도' 모두가 어느 정도는 '빨간 페터'니까요.

1 T. Hobbes, *Leviathan*, 1651(한승조 옮김, 『군주론/리바이어던』, 삼성출판사, 1995, 153쪽).

2 J. J. Rousseau, *Du contrat social*, 1762(최현 옮김, 『인간불평등기원론/ 사회계약론』, 집문당, 1993, 196쪽).

3 고병권, 『민주주의란 무엇인가』, 그린비, 2011, 58~68쪽.

4 T. Hobbes, 앞의 책, 153쪽(번역은 수정).

5 T. Hobbes, 같은 책, 263쪽.

6 한국어판에서 '특별 잉여가치'라고 옮긴 'Extramehrwert'를 프랑스어판에서는 'survaleur supplémentaire', 영어판에서는 'extra suplus-value'라고 옮기고 있다. 프랑스어판은 *Le Capital*. Livre Premier, ouvrage publié sous la responsabilité de Pierre Lefebre, Quadrige/PUF, 1993, p. 357. 영어판은 *Capital*, Volume I, tr. by Ben Fowkes[1976], Penguin Classics, 1990, p. 434.

7 K. Marx, *Das Kapital: Kritik der politischen Öconomie*, 1894 (김수행 옮김, 『자본론』, III-상, 비봉출판사, 2015, 43쪽).

8 K. Marx, 같은 책, 42쪽.

9 K. Marx, 같은 책, 57쪽.

10 D. Harvey, *A Companion to Marx's Capital*, 2010(강신준 옮김, 『데이비드 하비의 맑스《자본》강의』, 창비, 2014, 314~315쪽).

11 D. Harvey, 같은 책, 313쪽.

12 K. Marx, *Capital*, Volume I. tr. by Ben Fowkes, Penguin Books, 1990, p. 445.

13 K. Marx, *Ökonomisch-philosophische Manuskripte aus dem Jahre 1844*, 1844(최인호 옮김, 『1844년의 경제학 철학 초고』, 박종철출판사, 1991, 272쪽).

14 K. Marx, 같은 책, 272~273쪽.

15 K. Marx, 같은 책, 304~305쪽.

16 K. Marx, 같은 책, 275쪽.

17 K. Marx, 같은 책, 356쪽.

18 K. Marx, 같은 책, 356쪽.

19 K. Marx, 같은 책, 359쪽.

20 K. Marx, *Zur Kritik der Hegelschen Rechtphilosophie*, 1844(강유원 옮김, 『헤겔 법철학 비판』, 이론과실천, 2011, 78쪽).

21 K. Marx, 같은 책, 81~82쪽.

22 K. Marx, *Ad Feurbach*, 1845(최인호 옮김, 『포이에르바하에 관한 테제들』, 『칼 맑스 프리드리히 엥겔스 저작선접』, 제1권, 박종철출판사, 1993, 185~189쪽).

23 〈http://www.hyunchuk.co.kr/news/4652〉.

24 K. Marx, *The Civil War in France*, 1871(안효상 옮김, 『프랑스에서의 내전』, 『칼 맑스 프리드리히 엥겔스 저작 선집』, 제4권, 박종철출판사, 1997, 69쪽).

25 F. Braudel, *Civilisation matérielle, économie et capitalisme*, XVe–XVIIIe siècle, Tome 2, 1967(주경철 옮김, 『물질문명과 자본주의』, II-2, 까치, 1996, 615쪽).

26 F. Braudel, 같은 책, 616쪽.

27 M. Hardt & A. Negri, *Commonwealth,* 2009(정남영·윤영광 옮김, 『공통체』, 사월의책, 2014, 234~241쪽).

28 K. Marx, *Das Kapital,* Ⅲ, 1894(김수행 옮김, 『자본론』, Ⅲ(上), 비봉출판사, 2015, 450쪽).

29 "CEO-직원 연봉 격차 갈수록 너무하네"(『매경이코노미』, 제1958호, 2018. 5. 16).

30 "고액보수에 칼 빼든 디즈니 상속녀……"(이투데이, 2019. 4. 25, ⟨http://www.etoday.co.kr/news/section/newsview.php?idxno=1749235⟩).

31 참고로 마르크스는 주석을 달아 농민경제나 독립수공업이 봉건적 생산양식만이 아니라 고대 로마와 같은 고전적 공동체의 경제적 기초이기도 했고, 봉건적 생산양식이 붕괴한 자본주의에서도 영세한 형태로 존속한다는 점을 말해두었다.[김, 455, 각주 21; 강, 464, 각주 24]

32 ⟨https://www.dictionary.com/browse/mechanism⟩.

33 A. Smith, *The Wealth of Nations,* 1776(김수행 옮김, 『국부론』, 동아출판사, 1996, 13쪽(번역은 일부 수정).

34 A. Smith, 같은 책, 14쪽.

35 A. Smith, 같은 책, 13쪽(번역은 일부 수정).

36 A. Smith, 같은 책, 21쪽.

37 A. Smith, 같은 책, 같은 쪽.

38 A. Smith, 같은 책, 22쪽

39 A. Smith, 같은 책, 21쪽.

40 K. Marx, *Das Elend der Philosophie,* 1847(강민철·김진영 옮김, 『철학의 빈곤』, 아침, 1989, 132쪽).

41 마르크스는 사회적 분업과 작업장 분업의 관계가 자본주의적
    사회형태에서 어떻게 달라졌는지를 언급하면서 『철학의
    빈곤』(1847)을 많이 인용한다. 『자본』 제12장 제5절의 주요 논지는
    『철학의 빈곤』 제2장 제2절('분업과 기계')에서 말한 것과
    기본적으로 같다.

42 사실 이들은 노동시장에서 배제된 존재들이고, 심지어는 경제학적
    '가치' 개념 바깥으로 밀려나 있는 존재들이다. 일종의 '경제학 영역
    바깥의 유령들'인 셈이다. 가치를 착취당하기 이전에 가치라는 개념
    자체의 폭력에 시달리는 존재들이다. 그런데 마르크스는 노동자의
    처지를 설명할 때 이들을 자주 끌어들인다. 노동자들이 겪는 착취와
    폭력을 노동자의 '장애화', '동물화'로 묘사한다. 이런 묘사는
    장애인과 비인간 동물이 이미 끔찍한 상태에 처해 있기 때문에
    가능한 것이다. 그렇다면 노동자들이 자본주의에서 겪는 폭력은
    장애인이나 비인간 동물이 체제의 경계 내지 바깥에서 겪는 폭력이
    체제 안으로 그림자를 드리운 것이라고도 할 수 있지 않을까.

43 G. Franco, "Ramazzini and worker's health", *The Lancet,* Vol. 354,
    September 4, 1999, p. 858.

44 G. Franco, 같은 논문, 같은 쪽.

45 G. Franco, 같은 논문, 같은 쪽.

46 Platon, *Politeia,* II, 369b~372a, c. 380 BC(박종현 역주, 『국가·政體』,
    서광사, 2006, 146~153쪽).

47 Xenophon, *Cyropaedia,* c. 370 BC(이동수 옮김, 『키루스의 교육』, 한길사,
    2005, 359~360쪽).

48 Platon, *Politeia,* 372d(앞의 책, 155쪽).

49 F. Taylor, *The Principles of Scientific Management*(박영호 옮김, 『과학적 관리법』, 21세기북스, 2010, 52쪽).

50 K. Marx, "Die Juni revolution", 1848(최인호 옮김, 「6월혁명」, 『칼 맑스 프리드리히 엥겔스 저작선집』, 제1권, 박종철출판사, 1993, 465쪽).

51 E. Balibar, "Spinoza, l'Anti-Orwell", 1985(진태원 옮김, 「스피노자, 반오웰: 대중의 공포」, 『스피노자와 정치』, 이제이북스, 2005, 201쪽).

52 A. Gramsci, *Quaderni del carcere*, 1929~1935(이상훈 옮김, 『그람씨의 옥중수고 I』, 거름, 1992, 337쪽).

53 K. Marx & F. Engels, *Die deutsche Ideologie*, 1845(최인호 옮김, 『독일 이데올로기』, 『칼 맑스 프리드리히 엥겔스 저작 선집』, 제1권, 박종철출판사, 1993, 232쪽).

54 K. Marx, *Das Elend der Philosophie*, 1847(강민철·김진영 옮김, 『철학의 빈곤』, 아침, 1989, 132쪽).

55 K. Marx, *Grundrisse der Kritik der Politischen Ökonomie*, 1858(김호균 옮김, 『정치경제학 비판 요강』, II, 백의출판사, 2000, 106쪽).

56 K. Marx, 『독일 이데올로기』, 232쪽.

57 K. Marx, 같은 책, 같은 쪽.

58 K. Marx, 『정치경제학 비판 요강』, II, 107쪽.

59 K. Marx, 『독일 이데올로기』, 232쪽.

60 K. Marx, *Zur Kritik der Politischen Ökonomie*, 1859(김호균 옮김, 「서문」, 『정치경제학 비판을 위하여』, 중원문화, 1989, 8쪽).

61 K. Marx, 『정치경제학 비판 요강』, 106쪽.

62 K. Marx, 『독일 이데올로기』, 232~233쪽.

63 K. Marx, 『독일 이데올로기』, 235쪽.

64 K. Marx, 같은 책, 236쪽.

65 K. Marx, 『정치경제학 비판 요강』, II, 106쪽.

66 K. Marx, *Zur Kritik der Politischen Ökonomie,* 1859(김호균 옮김, 「서문」, 『정치경제학 비판을 위하여』, 중원문화, 1989, 9쪽).

67 "영국의 프롤레타리아트가 유럽 프롤레타리아트의 국민경제학자이고, 프랑스의 프롤레타리아트가 유럽 프롤레타리아트의 정치가이듯이, 독일의 프롤레타리아트는 유럽 프롤레타리아트의 이론가임을 인정해야만 한다." K. Marx, "Kritische Randglossen zu dem Artikel 〈Der König von Preußen und die Sozialreform. Von einem Preußen〉(『Vorwärts!』 Nr. 60)", 1844[김태호 옮김, 「기사 〈프로이센 왕과 사회개혁. 한 프로이센인이〉(『전진』 제60호)에 대한 평주들」, 『칼 맑스 프리드리히 엥겔스 저작선집』, 제1권, 박종철출판사, 1993, 17쪽].

68 K. Marx, "Die Bourgeoisie und die Kontrerevolution", 1848(최인호 옮김, 〈부르주아지와 반혁명〉, 『칼 맑스 프리드리히 엥겔스 저작선집』, 제1권, 박종철출판사, 1993, 488~489쪽).

69 K. Marx, "The British Rule in India", 1853(김태호 옮김, 「영국의 인도 지배」, 『칼 맑스 프리드리히 엥겔스 저작선집』, 제2권, 박종철출판사, 2008, 414쪽).

70 K. Marx, "The Future Results of British Rule in India", 1853(김태호 옮김, 「영국의 인도 지배의 장래의 결과」, 『칼 맑스 프리드리히 엥겔스 저작선집』, 제2권, 박종철출판사, 2008, 419쪽).

71 K. Marx, 「영국의 인도 지배」, 같은 책, 416쪽.

72 K. Marx, 같은 글, 같은 쪽.

73 K. Marx, 같은 글, 417쪽.

74 K. Marx, 같은 글, 같은 쪽.

75 K. Marx, 「영국의 인도 지배의 장래의 결과」, 같은 책, 420쪽.

76 K. Marx, 같은 글, 같은 책, 425쪽.

77 K. Marx, 「영국의 인도 지배」, 같은 책, 411~412쪽.

78 E. S. Said, *Orientalism,* 1978(박홍규 옮김, 『오리엔탈리즘』, 교보문고, 2003, 283쪽).

79 E. W. Said, 같은 책, 280쪽.

80 E. W. Said, 같은 책, 278쪽.

81 K. Marx & F. Engels, *Die deutsche Ideologie,* 1845(최인호 옮김, 『독일 이데올로기』, 『칼 맑스 프리드리히 엥겔스 저작 선집』, 제1권, 박종철출판사, 1993, 252~253쪽).

82 이 표현은 스피노자의 '개체성' 개념에 대한 발리바르의 해석에서 따온 것이다. 여기서 발리바르는 한 개체가 다른 개체와 합체해서 어떻게 새로운 개체를 구성하는지에 대한 스피노자의 생각을 '교통'의 관점에서 설명하고 있다[E. Balibar, *"Spinoza, l'Anti-Orwell",* 1985(진태원 옮김, 「스피노자, 반오웰: 대중의 공포」, 『스피노자와 정치』, 이제이북스, 2005, 190쪽)].

83 K. Marx, 「영국의 인도 지배의 장래의 결과」, 앞의 책, 424쪽.

84 K. Marx, 같은 글, 같은 책, 426쪽.

85 K. Marx, *Grundrisse der Kritik der Politischen Ökonomie,* 1858(김호균 옮김, 『정치경제학 비판 요강』, II, 백의출판사, 2000, 97~145쪽).

86 K. Marx, *Zur Kritik der Politischen Ökonomie,* 1859(김호균 옮김, 「서문」, 『정치경제학 비판을 위하여』, 중원문화, 1989, 8쪽).

87 E. Hobsbawm, 성낙선 옮김, 「『자본주의적 생산에 선행하는 제 형태』에 대한 해제」, 『자본주의적 생산에 선행하는 제 형태』, 신지평, 1993, 119쪽.

88 K. Marx, 『정치경제학 비판 요강』, II, 100쪽.

89 K. Marx & F. Engels, "Vorrede zur zweiten russischen Ausgabe des 'Manifests der Kommunistischen Partei'", 1882(최인호 옮김, 「1882년 러시아어 제2판 서문」, 『공산주의당선언』, 『칼 맑스 프리드리히 엥겔스 저작 선집』, 제1권, 박종철출판사, 1993, 372쪽).

90 Titus Livius Patavinus, *Ab Urbe Condita*(이종인 옮김, 『리비우스 로마사 I』, 현대지성, 2018, 156쪽).

91 K. Marx, 김수행 옮김, 『자본론』, III(하), 비봉출판사, 2015, 768쪽.

92 Titus Livius Patavinus, 앞의 책, 172쪽.

93 Titus Livius Patavinus, 같은 책, 173쪽.

94 Titus Livius Patavinus, 같은 책, 173쪽.

95 K. Marx, "Lohn, Preis und Profit"(김호균 옮김, 「임금, 가격 및 이윤」, 『경제학노트』, 1987, 이론과실천, 202쪽).

96 K. Marx, 같은 책, 같은 쪽.

97 H. Braverman, *Labor and Monopoly Capital,* 1974(이한주·강남훈 옮김, 『노동과 독점자본: 20세기에서의 노동의 쇠퇴』, 까치, 1991, 67쪽).

98 H. Braverman, 같은 책, 81쪽.

99 F. Taylor, *The Principles of Scientific Management*(박영호 옮김, 『과학적 관리법』, 21세기북스, 2010, 52~53쪽).

100 F. Taylor, 같은 책, 99~100쪽.

101 F. Taylor, 같은 책, 88~89쪽.

102 A. Gramsci, 『그람씨의 옥중수고 I』, 329쪽.

103 A. Gramsci, 같은 책, 335쪽.

104 A. Gramsci, 같은 책, 336쪽.

105 F. Taylor, 앞의 책, 55쪽.

106 A. Gramsci, 『그람씨의 옥중수고 I』, 336쪽.

107 A. Gramsci, 같은 책, 337쪽.

〈북클럽『자본』〉 Das Buch Das Kapital
7──거인으로 일하고 난쟁이로 지불받다

지은이   고병권
2019년 10월 28일 초판 1쇄 발행
2021년 6월 7일 초판 2쇄 발행

책임편집   남미은
기획·편집   선완규·김창한·윤혜인
디자인   심우진 simwujin@gmail.com
활자   「Sandoll 정체」 530, 530i, 630
펴낸곳   천년의상상
등록   2012년 2월 14일 제2020-000078호
전화   (031) 8004-0272
이메일   imagine1000@naver.com
블로그   blog.naver.com/imagine1000

ISBN 979-11-85811-99-4 04100
     979-11-85811-58-1 (세트)

잘못된 책은 구입처에서 바꾸어드립니다.